ちくま新書

長生きの方法 ○と×

米山公啓
Yoneyama Kimihiro

1447

長生きの方法　○と×【目次】

第5章　人生100年社会をつくる　177

まえがき

気がついてみれば、高齢化率が21%を超える超高齢社会になり、人生100年時代と言われるようになりました。

私が医者になった40年前は、医者は病気の治療と予防に力を入れていました。誰もが長く生きられる社会になるように、必死で努力していました。

その甲斐あって、現在ではさまざまな病気の治療や予防ができるようになりつつあります。平均寿命は80歳を超え、健康寿命も延びました。昔の70歳代と、現在の70歳代のイメージはまったく違います。外来診療で患者さんを診ていても、75歳くらいまでの方は「高齢者」とは呼べないと思うほどです。今ではむしろ、行きすぎた延命治療が問題視されるようになってきました。

それでも高齢者の医学は、まだまだ治療が中心です。

介護が必要な人に対して、長期的にどう対処していけばいいのか、明確な指標が持てないでいます。

その一方で、自立し、なんらかの病気があっても自分の楽しみを実現している高齢者が、今ではたくさんいます。彼らがこれからどう生きればいいのか、生活する上で何が起きるのか、あるいは医療とどう関わっていけばいいのかといったことは、ほとんど問題にされてきませんでした。

高齢になっても、若いころと同じように病気を予防し治療していけばいいのでしょうか。それで健康に長生きできるのでしょうか。このことが未解決のまま、人生100年時代ということになってしまったのです。

現代医学がまだ方策を打ち出せないうちに、超高齢社会ができあがってしまったとも言えます。65歳で定年して、そのあとどう過ごしていけばいいのか、なかなか先が見えません。

人生100年時代を論じている本の多くは、積極的に何かをしなければならないような論調のものが多く、とても現実的ではないように思えます。

先人たちが経験したことのない長寿の時代に突入して、私たちは道しるべのない道に迷い込んでしまったようです。

私は医師として40年近く、作家として20年以上にわたって、高齢者の医療に携わってきました。外来診療では、認知症の患者さんやその家族と毎日のように接しています。同時に私自身も高齢者になり、60歳を過ぎたあたりでどう生きていけばいいのかと迷い、いろいろなことに挑戦してきました。

こういった試行錯誤を通じて見えてきたのが、ある時期がきたら、医療から卒業することが必要ではないか、ということです。

80歳を過ぎてまで、糖尿病を恐れて好きなまんじゅうを我慢するのが幸せでしょうか。この我慢が、健康に長生きすることにつながるという医学的な根拠はあるのでしょうか。

今の世の中では、高齢になっても医療と関わり続けることで、人生の最後の時間にさまざまな制限を受け、楽しみを失っている方がたくさんいます。

「最後は自由に生きたい」

そう考える人にとってまず必要なのは、長生きの方法や幸せな老後についての思い込みから自由になることです。

この本では、そんな思い込みを一つひとつ解きほぐしながら、人生100年時代の老後をどのように生きていけばいいのか、考えていきたいと思います。

第1章

60歳を過ぎてからの健康・医療とはなんなのか

1　60歳を過ぎた人に予防医学は意味があるか

医学には、病気になってからの「治療医学」と、病気になる前の「予防医学」があります。

高血圧症の場合に血圧を下げたり、悪玉コレステロールが多い場合に薬で減らしたりするのは、これらの数値が基準値より高ければ、心筋梗塞、脳卒中、認知症などになりやすくなるからです。この数値が高い状態を「未病」とも言います。ここに予防医学の意味があり、症状もないうちから予防的に治療を開始するわけです。長期的にみれば、若いうちから治療をすることで、年をとってからの病気を防ぐことができ、結果的に長生きにつながるからです。

しかし、60歳以降の人にも同じような予防的な治療は意味があるのでしょうか。さらに、90歳を超えてもこういった治療が必要なのでしょうか。

私は、ある年齢になれば、それまでの人生の結果として現状を受け入れ、対症療法だけに治療を限っていく、「受け入れる医学」という考え方も必要だと考えています。

ですが、いまの医療では、年齢を考慮した治療が行われているとは思えません。90歳を過ぎても骨粗鬆症《こつそしょうしょう》の治療薬が投与されていたり、高血圧にも若い人と同じように薬が使われていたりするのが現状です。

このような治療によって、人は長生きすることができるのでしょうか。

このあたりは、まだまだ研究調査が足りないところでもあります。医学の究極の存在理由は、「治療や予防によって長生きに寄与する」ということですが、実は現代医学にはその視点が欠けているのです。

ある医療行為によって、短期的に見れば生存率を上げることができても、長期的にはどうなるのか、なかなか明確なデータがないのが現実です。

2　75歳から血圧治療は必要なのか

高齢者の高血圧症に関しては日本老年医学会がガイドラインを公表しており、患者の年

表1　高齢者高血圧の降圧薬開始基準となる血圧値と到達目標

65〜74歳	140／90mmHg 以上の血圧レベルを降圧薬開始基準として推奨し、管理目標140／90mmHg 未満
75歳以上	75歳以上では150／90mmHg を当初の目標とし、忍容性があれば140／90mmHg 未満を降圧目標とする
フレイルおよび認知症	降圧薬開始基準や管理目標は設定できず個別に判断する
糖尿病、CKD、脳心血管病などの合併患者	年齢による降圧目標よりも高値の血圧値を降圧薬開始基準とする。降圧目標もまず年齢による降圧目標を達成する。忍容性があれば過度の降圧に注意してより低い値を目指すことが推奨される
介護施設入所者	高度な身体機能低下を伴う場合は厳格な降圧療法が予後を悪化させる可能性がある。一方で、比較的壮健な場合は厳格な降圧療法が予後を改善させる可能性もあるため、個別に判断する
エンドオブライフにある高齢者	予後改善を目的とした適応はなく、降圧薬の中止も積極的に検討する

「高齢者高血圧診療ガイドライン2017」（日本老年医学会）より作成

齢や状況に応じて治療方法を考えてゆくべきだとの見解が示されています（「高齢者高血圧診療ガイドライン2017」）。

具体的には、65〜74歳では140/90 mmHg 以上の血圧レベルを降圧薬開始基準として推奨し、管理目標は140/90 mmHg 未満にするとしています。実際に高血圧症の治療をしている医師から見ると、この基準はだいぶゆるいものです。

さらに、75歳以上では150/90 mmHg を当初の目標とし、忍容性があれば140/90 mmHg 未満を降圧目標とするとしています。おそらく多くの開業医では、これより厳しく下げているのではないでしょうか。

なお、日本高血圧学会の「高血圧治療ガイドライン2019（JSH2019）」では75歳以上の高齢者の降圧目標は140/90 mmHg未満とより強化され、さらに併存疾患などによって降圧目標が130/80 mmHg未満とされる場合、75歳以上でも忍容性があれば個別に判断して130/80 mmHg未満への降圧を目指すとしています。つまり、学会により降圧基準が違っているのです。

日本老年医学会によれば、糖尿病、CKD（慢性腎臓病）、脳心血管病などの合併患者では、年齢による降圧目標よりも高値の血圧値が降圧薬開始基準とされています。降圧目標も、まず年齢による降圧目標を達成した上で、忍容性があれば、過度の降圧に注意して、より低い値を目指すことが推奨されるとあります。

また、認知症患者の場合は基準値はもうけず、個々に考えるべきだとしています。介護施設入所者への降圧治療も、やはり個々の問題として基準値を決めていません。末期の高齢者への降圧療法は、降圧薬の使用中止も積極的に検討するとしています。

つまり、このガイドラインでは、高齢になれば厳格に基準値を守るのではなく、個々の状況を考慮すべきだとしているのです。さらに、従来よりも血圧値の管理目標も厳しくなくなっています。

†血圧と心血管疾患による死亡率は無関係？

とはいえ、80歳までは血圧は下げたほうがいいというのが一般的な考え方です。計約100万人を対象としたメタ解析からは、脳心血管疾患の一次予防（生活習慣の改善など、病にかからないようにする処置）において、診察室血圧115/75 mmHg以上で、20歳代から80歳代までのすべての年齢層の心血管発症リスクが連続的に上昇すると報告されています。

ただ、これはあくまでも病気の発症ということで考えている調査であり、死亡率で考えると否定的な調査が多くなります。

つまり、高齢者の血圧を下げると長生きするという決定的な疫学的な調査はないのです。否定的な調査には、「80歳代で高血圧を発症した人は、正常血圧の人に比べて認知症の発症リスクが低い」というものもあり、超高齢者では血圧が高いことで脳の機能を保っている可能性も考えられます。

あるいは、超高齢者は高血圧に耐えられる血管を持っていると推測される場合もあります。つまり、90歳まで生きる人は、70～80歳まで生きる人とは、からだに大きな違いがあるということです。

超高齢者は高血圧で健康を保っている?

また、こういった高血圧症の調査は、外来診療に通院できるレベルの運動機能を持った高齢者を対象にしている場合がほとんどです。

実は、心身が弱った状態の人（最近ではフレイルといいます）の場合、血圧が高いほうが長生きしているという研究結果があります。つまり、血圧を上げることで、弱ったからだの血流をよくしているとも考えられるのです。

フランスとイタリアのナーシングホームで、入所している80歳以上の患者1127人に対する調査が行われました。そこでは、介護を必要とする高齢者の場合、降圧薬を2種類以上飲み、上の血圧が130 mmHg 未満と良好にコントロールされている人の死亡リスクが、そうでない人に比べて高くなってしまうと報告されています（JAMA、2015年）。

これは、血圧が下がりすぎることによって転倒して怪我をしてしまうことや、もともと腎機能が低下している人が血圧を下げると、腎不全になる場合があることが関係しているのではないかと推測されています。

実際、6m以上歩くのが困難な高齢者を調べると、収縮期血圧が140 mmHg 以上と高い人のほうが、死亡リスクが低いという結果もあります。

†血圧治療ありきの介護の問題

こうして各種調査や運用されているガイドラインを見ていくと、少なくとも80歳を過ぎて高血圧を指摘された場合は、放置しても問題はないと言えるでしょう。身体機能が悪化して長く歩けないなどの状態になれば、従来のような厳格な血圧治療はいらないとも考えるべきです。

ですが、いまの介護施設には「血圧が高いとお風呂に入れない」という規則があり、患者さんや家族から「お風呂に入るために血圧を下げてほしい」と言われることがあります。これは、まだまだ多くの医療機関で、高血圧というものを、年齢を考えずに治療していることから生じる典型的な問題です。

製薬会社にとって高血圧症の治療薬はドル箱ですから、ある程度の年齢になったら血圧を下げなくていいという基準は学会としても作りにくいのでしょう。というのも、こういった疫学調査には製薬会社の研究費が投入されており、彼らは血圧を下げるデメリットを明確にしてほしくないというのが本音だからです。

まだまだ多くの調査が必要ですが、それでも高齢者の血圧については一律に基準値に下げるという姿勢はやめ、個々の問題として対処するべきでしょう。80歳以降になれば、降圧剤はいらないということも言えそうです。

3　血糖値と年齢を考える

高齢者の血糖値は、65歳未満の人たちとは違う基準で治療すべきだとされています。

日本糖尿病学会では、個人の病気の状態も考えながら、通常はHbA1c 7％前後、身体機能や病気に対する抵抗力が低下している場合はHbA1c 8％前後を目標にするように提案しています（「高齢者糖尿病の血糖コントロール目標について」）。

従来は、血糖値を基準値の近くにコントロールしていくことが重要だという考え方が強かったのですが、近年、血糖値と生命予後（生命が維持できるかどうか）との関係の疫学調査が進み、厳密な血糖コントロールはかならずしもメリットがないということがわかって

表2　高齢者糖尿病の血糖コントロール目標（HbA1c値）

<table>
<tr><th colspan="2"></th><th colspan="2">カテゴリーⅠ</th><th>カテゴリーⅡ</th><th>カテゴリーⅢ</th></tr>
<tr><td colspan="2">患者の特徴・健康状態</td><td colspan="2">①認知機能正常
かつ
② ADL（日常生活動作）自立</td><td>①軽度認知障害〜軽度認知症
または
②手段的 ADL 低下、基本的 ADL 自立</td><td>①中等度以上の認知症
または
②基本的 ADL 低下
または
③多くの併存疾患や機能障害</td></tr>
<tr><td rowspan="3">重症低血糖が危惧される薬剤の使用</td><td>なし</td><td colspan="2">7.0%未満</td><td>7.0%未満</td><td>8.0%未満</td></tr>
<tr><td rowspan="2">あり</td><td>65歳以上75歳未満</td><td>75歳以上</td><td rowspan="2">8.0%未満
（下限7.0%）</td><td rowspan="2">8.5%未満
（下限7.5%）</td></tr>
<tr><td>7.5%未満
（下限6.5%）</td><td>8.0%未満
（下限7.0%）</td></tr>
</table>

日本糖尿病学会ホームページより作成

きました。

　中高年で多く発症する2型糖尿病患者の総死亡リスクは、HbA1c値が7〜8%の人を最低に、同値の増大あるいは減少に伴いリスクが増大するという研究結果が発表されたのです。

　アメリカのニコルズ（Kaiser Permanente Center for Health Research, 2012）らが約2万7000人を対象に行った試験では、HbA1c値が9・0%超の場合の死亡リスクは1・49倍に、7・0%未満では1・21〜1・81倍に増大するという結果が出ています。

　2型糖尿病患者のHbA1c値を7〜8%にコントロールするというのは、従来の基準からすれば、ずいぶん甘いコントロール値のように思えます。

同調査の治療の薬による違いを検討した部分では、経口血糖降下薬で治療を行う場合にはHbA1c 7・0〜9・0%に、インシュリン治療を行う場合にはHbA1c 7・5〜8・0%にコントロールすべきであるとしています。

血圧値にしろ、血糖値にしろ、高齢になればなるほど、極端に下げていくことは危険だという認識が必要なのです。

†血糖値を下げすぎると死亡率が上がる

一般的には、糖尿病患者における合併症発症率や死亡率は、HbA1c値が高ければ高いほど上がり、低ければ低いほど下がるということになっています。

これは、あくまでも未治療の糖尿病患者の場合です。

治療中の患者では状況は変わってきます。HbA1c 7・0%という値でも、未治療の人の値と、8・5%だった人が治療によって7・0%に下がったのでは、意味が違ってくるということです。

先に紹介したものも含め、多くの疫学調査から、血糖コントロールを厳しく行って

図１　前向きコホート研究と後ろ向きコホート研究

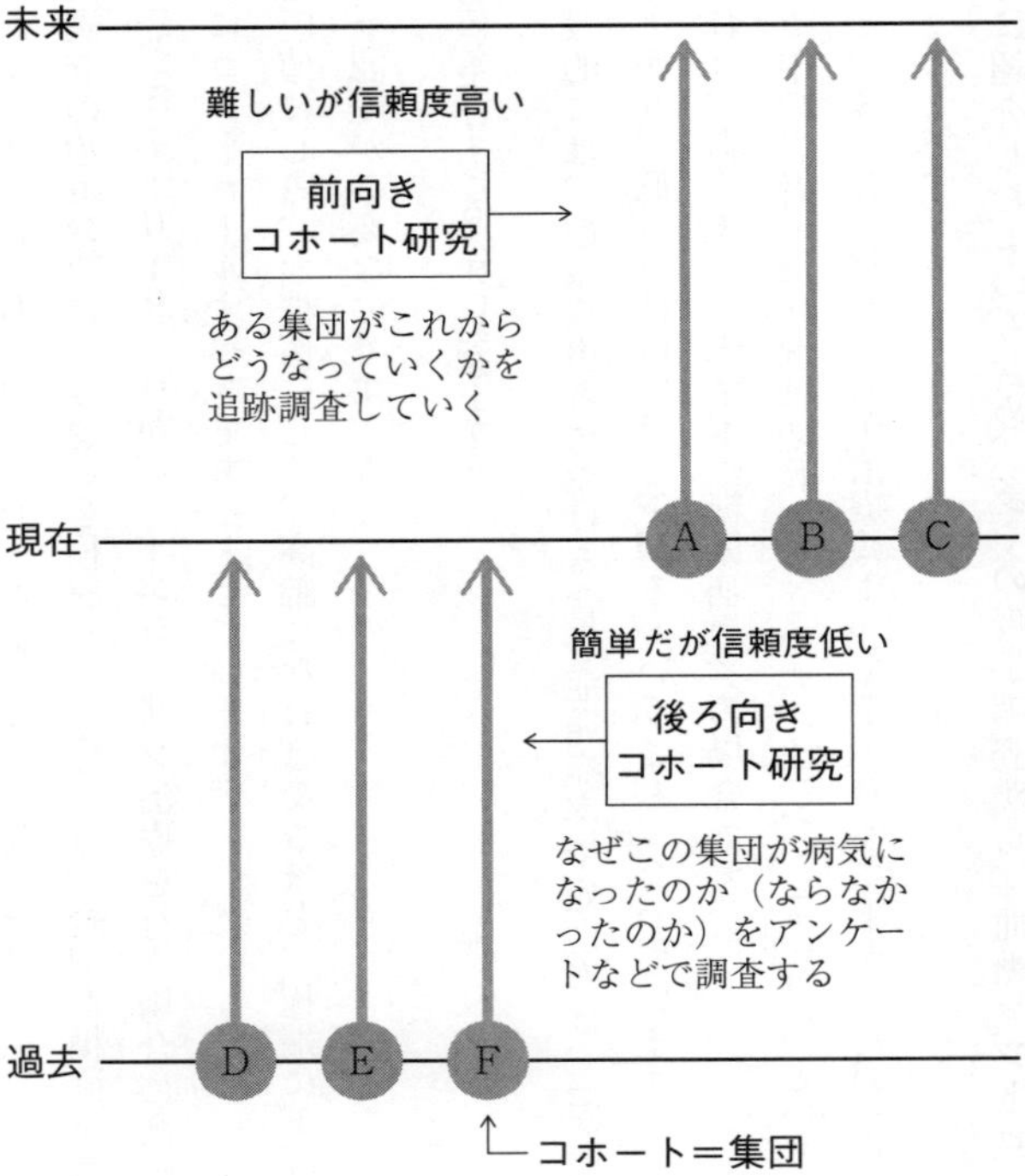

HbA1c値を低くしすぎると、かえって死亡率が上がるというのがスタンダードな考え方になってきました。

平均年齢80歳の、施設に入居している糖尿病治療患者を対象とした前向きコホート研究(San Francisco VA PRIME Program, 2012)でも、HbA1c 8・0〜8・9%の場合、HbA1c 7・0〜7・9%よりも機能低下または死亡の可能性が低いという結果が出ています。これは先に紹介したニコルズらの研究と同じです。

つまり、おおざっぱに言ってしまえば、長期の糖尿病の治療を受けている人にとっては、厳密な治療目標は生命予後には有利にならず、従来考えられてきたよりもっとゆるい基準でいいということです。

ただし、90歳超となってくると、まだ十分なデータがないのが現状だと思います。

†基準値はゆるいのに治療薬が多いという謎

ここまで見てきたように、血糖の基準値は従来よりもゆるくなってきています。このことが、現在臨床で使われている多彩な糖尿病治療薬の存在と矛盾すると思う方もいるかもしれません。

実際、ここ10年くらいで多くの経口糖尿病薬が登場し、専門医はまだしも、一般内科では薬の選択が非常に難しくなってしまいました。

ところがそこへ、メトホルミンという、かなり昔から使われている、非常に安価な糖尿病治療薬が生命予後にも有利に働くという調査が出て（カーディフ大学他、2014年）、これだけ多くの糖尿病治療薬が存在する意味が薄らぎはじめています。

つまり、製薬会社としては基準値がゆるくなることで市場を失い、さらに「古い薬で治療したほうがいい」ということになってしまいました。たしかに一時期、非常に多くの糖尿病の新薬が発売されていましたが、この前提となっていた状況は、すっかり変わってしまったと言えるでしょう。

4　どんな死に方がいいのか

「ぽっくり死にたい」と思うのは、誰しも同じです。外来に来ている患者さんにも、「私はぽっくり死ぬから、薬は飲みたくない」などと言う人はたくさんいます。しかし、「ぽっくり死ぬ」というのはむしろ例外的なケースだと考えたほうがいいでしょう。

それは、現実の死因を考えてみれば想像できることです。

厚生労働省の「平成29（2017）年人口動態統計（確定数）の概況」で日本人の死亡原因をみると、1位は悪性新生物（がん）、2位・心疾患（心臓）、3位・脳血管疾患、4位・老衰、5位・肺炎となっています（男女合わせた総数で比較）。

この中でぽっくり死ねるのはと考えてみると、心筋梗塞や不整脈、脳卒中が当てはまりそうですが、実際にはこれらの場合も突然死ぬというわけではありません。脳卒中であれば後遺症としての麻痺が残り、多くの場合、実際には合併症の肺炎などで亡くなっているのです。死因が脳卒中といっても、突然死の割合は少ないと考えたほうがいいでしょう。

†管理優先で胃瘻をつくられる

そもそも、現代の医療はなかなか簡単には死なせてくれないという面もあります。

口から食べられなくなれば、鼻からあるいは胃に直接孔《あな》をあけて管を入れたり、中心静脈からいわゆる持続点滴をしたりして、栄養をとにかく入れていくことは可能です。

ですから、昔のように「口から食べられなくなれば終わり」というわけにはいきません。

最近でこそ、ようやく安易に胃瘻《いろう》を作ることはしなくなってきたとはいえ、「ここで入院を続けるなら、胃瘻を作ってくれないと困ります」と医療サイドに言われてしまうことはまだまだあるのが現状です。

実は、介護保険の認定会議では、胃瘻が入ってしまうと寝たきりでも要介護度が5から4に下がるという不思議なことが起こります。

それは、胃瘻になったことで、食事の介助の手がかからなくなるからです。介護施設でも、胃瘻のほうがずっと管理しやすくなるのです。医療機関でもそれは同じです。なんとか経口摂取を頑張ることは、誤嚥《ごえん》して肺炎などを起こしてしまう危険と、常に隣り合わせだからです。

ぽっくり死にたいという人は、こんな状況に陥ってしまうことを心配しているのでしょう。

†80〜90歳の半分は認知症に

「がんで死ぬほうが、考える時間もあっていい」という言い方をする方もいます。

現代の医療では、生活習慣病の治療が薬や食事療法である程度可能になってきています。

こうなってくると、動脈硬化が影響する心筋梗塞や脳卒中による死は減っていくはずですから、結果的にがんによる死は増えていくでしょう。

ですが、世界初の免疫治療薬であるオプジーボのような画期的な抗がん剤の登場によって、がんの治療も変わっていく可能性はあります。

となってくると、寿命が延びることで増えていく可能性のあるのはやはり認知症です。

いまや、80歳代後半であれば男性の35％、女性の45％が認知症になり、95歳を過ぎると男性の51％、女性の84％が認知症になることが明らかになっています（厚生労働省「認知症対策総合研究事業報告書」、２００９〜２０１２年）。

認知症は経過が長い病気です。とくにアルツハイマー型認知症は、発症して10年経過しても、普通に歩いている患者さんもいるくらいです。

認知症の末期には手足が動きにくくなり、寝たきりになり、合併症の肺炎で亡くなるケースが多いと思われますが、末期の状態になるまでにはかなりの時間を必要としますから、ぽっくり死ぬとはほど遠いものです。

このように自由に行動できず、認知機能が落ちてしまった状態では生きていたくないと考える人もいるようです。

しかし、そういった状態だからといって、いまの日本の社会では積極的な死は選択できません。唯一できるのは、病気の末期状態になったら蘇生しないでほしい、人工呼吸器はつけないでほしいという希望を担当医に告げることくらいです。

それも自分の意識がしっかりしている病気でなければ難しく、認知症の末期では自らそれを選択することは不可能でしょう。

5　60歳を過ぎてからの健康の考え方

40歳代、50歳代の働き盛りであれば予防という考え方も重要ですが、60歳を過ぎてくると、血圧やコレステロールのコントロールについては、(無駄にはなりませんが) それほど神経質にならなくともよくなってきます。

前述したように、すでに糖尿病の治療を続けている人は基準値まできっちり下げないほうが長生きできるという調査結果もあるので、80歳を過ぎてくれば、さらにゆるく考えていくほうが安全でしょう。

健康のために運動を始めるという人もいますが、若い時からスポーツをする習慣を持っていないのであれば、60歳を過ぎて急に運動をするというのはむしろ危険です。すでに膝や腰の痛みがあって、思うようにできないということもあるでしょう。

結局のところ、60歳を過ぎてから慢性の病気の予防のためにできることは薬を飲むこと以外には少ないと考えるべきでしょう。残酷な言い方になりますが、60歳における健康状態は、今までの健康への努力の結果なのです。

とは言え、やるべきことがまったくないわけではありません。それは何か、次章で見ていきましょう。

第2章

長生きの方法　○と×

世の中には、「○○を食べれば長生きできる」「××の運動をすれば長生きできる」という情報があふれています。こういった情報には、きちんとしたエビデンス（科学的根拠）があるのでしょうか？

本章では、巷でよく言われる「長生きの方法」を一つひとつ検証していきます。

1 健康診断が長生きの役に立つ？ 【答え】×

†健康管理はなんのためか

2008年度から、40～74歳の人を対象として、生活習慣病の予防を目的とした特定健診（通称メタボ健診）が行われています。厚生労働省の発表では、2014年度には2616万人が受診したといいますから、多くの読者の方も、企業や自治体による特定健診を受けているはずです。

健康診断を行う意義は、病気を早期に発見し、治療して長生きを実現することであるはずです。ところが、国が特定健診を実施している狙いは、むしろ医療費削減にあります。長生きできるかどうかより、医療費削減を優先しているのです。

にもかかわらず、健康診断を行うことで医療費が削減できるという議論をよく考えてみると、その根拠は非常に薄いと言わざるを得ません。

厚生労働者は、「特定健診によって2025年に2兆円の医療費を削減」という目標を掲げています。しかし、健康管理が進んで寿命が延びれば、そのぶん社会保障費の給付が増え、長期的には医療費が増えていくはずです。健康診断で医療費を削減するというのは不可能なのです。もし特定健診で短期的な医療費削減ができたとしても、長期的には医療費は上がっていくのは間違いありません。

このように、特定健診は2兆円の医療費を削減できるということの根拠となる明確なデータがないまま、毎年実施され続けています。日本全体で考えれば、特定健診やがん検診などの予防医療に使われる医療費はかなりの金額となっているはずです。

†「健康診断を受ける＝健康管理」ではない

では、今行われている健康診断は、長生きの実現を助けるものになっているでしょうか。

私の見る限り、そうはなっていません。国がむやみに健康診断を推奨しているがために、健康になるということと、健康診断を受けることが同じように考えられてしまっています。多くの人に、「自分は健康診断を受けているから、健康管理はできているんだ」と勘違いさせているようなものです。

健康診断や人間ドックを受けても、その結果を自分の健康管理に活かすことができなければ意味がありません。郵送されてくる人間ドックの結果と努力目標を眺めるだけでは、長寿には結びつかないのです。

特定健診を導入した根本的な目的は、医療費の削減以前に、生活習慣の指導や栄養相談などによって、薬を使わないで健康を維持しようということだったはずです。

しかし、生活習慣を改善して指導するには時間がなく人材も少ないので、結局なにか問題があれば医者が出す薬を飲んで、コレステロール値を基準値まで下げることになります。一方で、薬を飲みたくないという心理から、薬以外の治療法を試みる人も多くいますが、結局は成功しないか、長続きしません。

大切なのは、健康診断の結果を受けて、適切な治療をしたり、生活習慣を改善したりできるかどうかです。健康診断が長生きにつながるかどうかは、受けた人がどこまで真剣に自分の状態を考えるかどうか次第なのです。

当然ながら、健診の一週間前から酒を控えるとか、一時的にやせるといったことは、とても長寿につながる話ではありません。

†がん検診でがんになる

がん検診は、長寿の助けになるでしょうか。

チェコスロバキアで行われた肺がん検診の追跡調査で、検診を定期的に受けていたグループは、受けなかったグループに比べて肺がんの死亡率が圧倒的に高かったというものがあります。他の国でも追跡調査が行われていますが、多くが「検診を受けても受けなくても、寿命が延びることはない」という結論でした。

がん検診によって放射線被曝が増えるので、がんを発見するメリットよりも、発がんリスクのほうが高いというのが世界中で行われた調査の結果です。

あるイギリスの研究は、日本人のすべてのがんのうち、3・2〜4・4%は医療用エックス線検査が原因だと結論づけています。CT検査（エックス線をつかって体の断面を撮影する検査）は被曝線量がその数十倍から百数十倍もありますから、人間ドックなどで気軽に受けるべきではないということになります。

†内視鏡、大腸ファイバーはどれくらいの頻度で受ければいいのか

人間ドックではよく、胃の内視鏡検査と大腸ファイバー検査を行い、がんやポリープがないかを調べます。

大腸ファイバー検査は体に負担がかかる検査で、検査前の食事制限、大量の下剤や洗腸液の内服などがつらいという人も多くいます。また、大腸ファイバーによる穿孔・出血も稀に起こります（ただ、発生頻度は日本消化器内視鏡学会が0・012％と報告しており、だいたい1万件に1件程度です。大腸内視鏡検査全般に伴う死亡率は0・00082％と報告されていますから、検査による死亡率から考えれば、大腸ファイバー検査はリスクの低い検査です）。

この大変な大腸ファイバー検査で異常がないと言われた場合、どれくらい間をあけて次の検査を受ければいいのでしょうか。

海外では、大腸ファイバー検査で異常がなければ7年くらいは再検査しなくていいとされています。ところが、日本の人間ドックでは、医療側の都合で再検査の時期を決められることが多いように思います。

からだへの負担を考えると、日本人は大腸ファイバー検査を頻繁に受けすぎているかもしれません。

†脳ドックで長生きできるというエビデンスはない

最近では脳梗塞や血管の異常を発見する脳ドックも盛んになってきています。

ですが、脳ドックのMRI検査で無症状の脳梗塞のあとが見つかっても、再発を予防するには結局生活習慣病の予防をするしかありません。脳ドックを受ける意味があるか否かについて、統計的に信頼できるデータはないのが現実です。

2 脳トレすれば認知症にならない？ 【答え】×

認知症の予防はいまの時代、もっとも関心の高いテーマでしょう。

近いうちにアルツハイマー型認知症の特効薬が登場すると考えられていましたが、最近の臨床試験がことごとく失敗してしまいました。

２００２年に、アルツハイマー病においてはアミロイドβというペプチドが脳の神経細胞外に蓄積してさらに別の物質に変化し、神経細胞を死に至らしめているという「アミロイドβ仮説」が提唱され、これが認知症治療の決定打になると期待されていました。ところが、これだけではどうも認知症の治療は不可能ではないかということになりつつあります。

アミロイドβ仮説に基づいて開発された薬は、治療というよりも、かなり早期から予防的に使うことになる可能性が高いようです。

これは若い世代には有効ですが、いま認知症を心配している我々の世代ではもう間に合いません。今、我々にできることは、可能な限り認知症のリスクを減らすことしかありません。それには、どんなことをすればいいのでしょうか。

†認知症予防の原則は、生活習慣病の予防

認知症の予防というと、脳の活性化ということがよく言われます。実際には、脳の若さを保つとはすなわち脳動脈の硬化を防ぐことですから、生活習慣病の予防が必要だということになります。

高血圧は脳血管性認知症のリスク要因ですが、同時にアルツハイマー型認知症のリスク要因でもあるのです。脂質異常症、糖尿病、喫煙も、アルツハイマー型認知症のリスク要因です。

医学雑誌『Lancet』の認知症予防・介入・ケアに関する国際委員会は、「本人が意図すれば改善できる認知症の危険因子」を9つ示しています（表3）。

「11～12歳までに教育が終了」「高血圧」「肥満」「聴力低下」「喫煙」「抑うつ」「運動不足」「社会的孤立」「糖尿病」ですが、このなかで、高血圧症、肥満、喫煙、運動不足などは、自己努力によってリスクを減らすことが可能です。どんな脳トレより、まずはこれらの生活習慣病の治療や生活習慣の改善が重要なのです。にもかかわらず、意外にこのことが強調されず、曖昧な食事療法や脳トレが優先されてしまっています。これは、メディアの問題もある

表3　本人の意図で改善できる認知症の危険因子

小児期	11～12歳までに教育が終了
中年期 （45歳以上65歳以下）	高血圧 肥満 聴力低下
高年期 （65歳超）	喫煙 抑うつ 運動不足 社会的孤立 糖尿病

出所：Livingston G. 他、Lancet、2017年

でしょう。

†脳トレはほぼ意味がない

2000年代前半に、脳トレがブームになったのを覚えているでしょうか。東北大学の川島隆太教授の『脳を鍛える大人の計算ドリル』はベストセラーになり、ニンテンドーのゲームにもなりました。

当時の脳トレの中心となる考え方は、「簡単なことが脳を刺激する」というものでした。しかし、現在では、この考え方は完全に否定されています。

イギリスで、18~60歳の1万1430人を対象にした調査が行われました（読売新聞、2010年4月21日付）。対象者を三つのグループに分け、イギリスで販売しているコンピューターゲームをもとにした脳トレを1日10分、週3日以上、6週間続けてもらい、効果を調べたのです。

その結果、脳トレを続けたグループでは、ゲームの成績は向上しましたが、論理的思考力や短期記憶を調べた認知テストの成績はほとんど向上しませんでした。結果として、3グループ間で差がなかったのです。

従来の脳トレでは、なかなか認知症予防というわけにはいかないようです。

†テレビゲームは脳にいい

一方、ゲームやインターネットの使用で認知機能がアップするという研究があります。

2002年に森昭雄『ゲーム脳の恐怖』（NHK出版）という本が出版され、大変もてはやされました。この本では、ゲームをやると脳が駄目になるとされていました。

ところが、最近この主張を否定する研究結果が出てきています。

スイスのジュネーブ大学などの研究グループは、ゲームをほとんどプレイしない人たちを集めて、認知機能を計測する心理テストを行いました（2016年）。そして、アクションゲームをプレイするグループA、アクション以外のジャンルのゲームをするグループBの二つに分け、それぞれに数週間にわたって課題のゲームを1日1時間・週5日間プレイしてもらったのです。

ゲームを終えた数日後、心理テストを再び実施してみると、アクションゲームをプレイしたグループAのほうが、認知力の向上が常に大きくなりました。つまり、アクションゲームによって認知機能がアップしたということです。

これがすぐに認知症の予防に結びつくことはないでしょうが、少なくとも短期間の調査では、ゲームが脳にとってマイナスにはならないということは言えるでしょう。

さらに、米カリフォルニア大の研究チームは、インターネットの利用について調査しています。

この調査では、55～76歳の被験者を「ネットを使ったことがある」グループと、そうでないグループの二つに分けました。そして、それぞれに「読書する作業」と「ネットで指定された言葉を検索する作業」を行わせ、脳の働きを調べたのです（AFP「ウェブ検索は中高年の脳を活性化する、米大研究」、2008年）。

その結果、特にインターネットを使ったことがあるグループで、これらの作業をするときに脳が活性化していることが明らかになりました。しかも、活性化したのは「意思決定や論理的思考」を司る部分でした。

たしかに、ネット検索をするときには、意外に脳を使います。複数のキーワードを組み合わせて目的の情報を探さなければいけませんし、サイトの信頼度は自ら判断する必要があります。検索した事柄を単純に信じるのではなく、さまざまな配慮が必要ということも脳を刺激する一因なのでしょう。

これからはＡＩの時代となり、ますます脳を使わなくなってしまうと思われがちです。しかし、最終的な判断は結局人間が行うのであり、ＡＩには入っていない情報に基づいて判断することも多いでしょう。コンピュータを使ったゲームであろうと検索であろうと、ＡＩの時代になっても想像以上に脳を刺激するものになるはずです。

†ゲームは認知症予防にも役立つ？

ゲームが認知機能の向上に役立つという研究結果は他にもあります。

カリフォルニア大学サンフランシスコ校の研究では、70歳代から80歳代の健康な男女に合計12時間、コントローラーで操作する３Ｄのカーレースゲームを行わせた結果を検討しています。この研究では、ゲームをすることにより、集中力や注意力、同時処理能力、記憶力などが改善されたとしています。

また、モントリオール大学（カナダ）の研究では、高齢者に６カ月間３Ｄゲームをやってもらうと、脳の灰白質の著しい増加がみられたとしています。３Ｄゲームをやることによって被験者は空間を認識しようとするので、脳を使うことになります。これが脳の活性化につながったと推測されています。なおこの研究では、ピアノの弾き方を習ったグループも小脳の灰白質が増えたそうです。

南フロリダ大学のジェリー・エドワーズ博士は、過去に行われてきた研究を解析して、処理速度を鍛えるゲームは認知症予防に効果があると結論しています。

処理速度を鍛えるゲームというのは、視覚的注意や的確な反応の速度と精度を向上させるようなゲームのことです。たしかに、画面の中の物体を識別したり、複数の物体を見つけ出したりということを繰り返せば、処理が早くできるようになるでしょう。

また、アメリカで行われたランダム化実験では、処理速度を鍛える脳のトレーニングを5週間行うと、認知症の発症リスクが10年間で48％下がったとされています（Advanced Cognitive Training for Independent and Vital Elderly, 2015）。被験者は65歳から94歳の高齢者2832人で、うち76％が女性でした。

認知症の予防にはテレビゲームがいいと言えそうな時代になってきました。

†新しい経験は脳を刺激する

脳を刺激して新しい神経回路を作ること、これこそが認知症の発症を食い止める方法です。これができれば、一部の脳が壊れても、新しい神経回路を補完的に働かせることができるのです。

アメリカ・イリノイ州の大学の調査では、認知機能テストを受けた人の脳を死後に解剖してみると、生前の認知機能テストで高得点を出したなかで約3割の人たちが、アルツハイマー型認知症になっていました。脳に病変があっても、病気と共存し、症状が目立たないまま生きていける可能性があるということです。

規則的で生きがいのある生活によって、症状が目立たないまま生きることが可能なのです。これは、脳の一部が壊れていても、脳の神経回路がたくさんできていれば、認知症の症状は出にくくなるということでしょう。

新しい神経回路を作るには、新しい経験をしていくしかありません。あるいは、同じことであってもそこに創意工夫があれば、新しい刺激になります。

†創造的な趣味で脳を活性化

メイヨークリニックのローズバッド・ロバーツらは、高齢者のMCI（軽度認知障害）のリスクを低減するのに効果的な余暇活動について調査をしています（米国神経学会、2015年）。

ＭＣＩとは認知症の一歩手前の状態で、記憶力だけが目立って低下して、日常生活への影響は少ない状態のことです。ＭＣＩから認知症へ移行させないのが、最近の認知症予防の重要な課題となっています。

ロバーツらの研究は「メイヨークリニック加齢研究」と言われ、85〜89歳で認知機能が正常な男女２５６人を対象に調査を行っています。臨床認知症尺度（ＣＤＲ）、機能活動調査票（ＦＡＱ）を用いた認知機能の評価に加え、記憶力や言語能力などの評価を含む神経学的検査です。

４年間の追跡期間中に、１２１人がＭＣＩを発症しました。結果を見ると「絵を描く」「彫刻」といったアートを趣味としていた人は、そうでない人に比べてＭＣＩのリスクが73％低下していました。

また、「陶芸」や「手芸」などの工芸の経験者では45％、「観劇」や「映画鑑賞」「友人との社交」「旅行」などを含むソーシャル活動を行っている人では、ＭＣＩのリスクが55％低下したとしています。

「インターネット検索」「オンラインゲーム」「ネットショッピング」などのコンピュータ利用に関しては高齢期のみ調査されましたが、やはりＭＣＩのリスクは53％低下していました。

やはり創造性の高い趣味ほど、脳に新しいネットワークを作り出し、認知症を予防する効果は大きいのでしょう。受け身でなく、積極的な創作活動が必要だということです。

私たちは同じこと、つまり脳の中に神経回路ができあがったことをやっていくほうが、仕事の効率はよく楽なものです。だから意識しなければ、同じことばかり繰り返していくことになってしまいます。それではいくら趣味があっても認知症の予防にはなりません。

では伝統工芸を趣味にするのはよくないのかというと、そこに自分の新しい技術を入れて改良をしていけるなら、それも脳を刺激することになるでしょう。いつもやっていることでも、変化や向上できる仕組みがあれば、脳を刺激して新しい神経回路を作ることができるのです。

†急に楽器演奏を始めても意味がない

新しい刺激がいいとはいえ、気をつけてほしいこともあります。

楽器演奏が脳にいいと言われていますが、それは子どものときにある程度習った記憶が残っている場合です。高校時代にギターを弾いていて、定年後に再びおやじバンドで演奏するといったことであれば、脳を刺激できます。

ところが、まったく楽器などいじったことがない人が、60歳を過ぎてから楽器演奏を習い始めると、大変でなかなか続かないものです。

子どもの頃に習った経験がある、楽譜が読めるなど、脳の中に音楽を受け入れられる回路ができあがっていれば、再学習したときに進歩が早くなり、脳活性も楽なのです。それがまったく初めてだと、脳の中で音楽を受け入れる枠組みから作らねばならず、その大変さで三日坊主に終わってしまうわけです。

今までに経験したことのないことを始めるには、それが継続できるものである必要があります。そのためには、進歩を実感できるかどうか、他人からの評価が受けられるかも重要です。

自分の進歩を他人に褒められることで継続するモチベーションになりますし、実は人に褒められると脳神経が活性化することもわかっています。このことを考えると、周りから評価を得られるように、趣味にはグループで取り組むほうがいいかもしれません。

†瞑想で海馬の縮小を抑える

ハーバード医科大学のグループが、認知機能向上に対する瞑想の効果を調べる研究を行いました（2014年）。

MCI（軽度認知障害）の14人を2つのグループに分け、片方のグループでは毎週2時間の「マインドフルネス瞑想」を8週間行いました。また、毎日30分ほど自宅で瞑想を行うようにしました。その間、対照グループは通常のMCI治療を受けていました。

マインドフルネス瞑想というのは、「観察瞑想」や「みつめる瞑想」というような、物事を批判したり判断したりせずに「ありのままに観察する」というものです。これにより、脳の結びつきが強くなるとされています。瞑想をするグループは、自分の置かれている状況や心に浮かぶ事柄を、感情を抜きにして第三者的に見つめる訓練を行いました。

8週間の瞑想訓練後、心理的テストや認知機能テストを行いました。

両グループで認知機能テストの成績に大きな違いはありませんでしたが、瞑想をしたグループでは成績が改善する傾向が見られた人が多く、対照グループでは成績が悪くなる傾向が見られました。

機能的核磁気共鳴法（fMRI）で、活動している脳の領域を調べると、瞑想を行ったグループでは「後部帯状回」と「内側前頭前野」の繋がりが対照グループよりも強くなっていました。この「後部帯状回」と「内側前頭前野」はアルツハイマー型認知症で障害がみられる部位ですが、瞑想によってデフォルトモードネットワーク――なにもしていないときのネットワーク――の働きが強くなることが示されたのです。

さらに、脳の体積を比較すると、対照グループでは「海馬」の体積が減っていました。一方で瞑想を行ったグループでは変化がなく、瞑想を行うことで海馬の萎縮を抑える可能性が示されました。

瞑想は、脳のネットワークを増やす一つの方法として使えるのかもしれません。

†運動で記憶力も増強できる

国立研究開発法人国立長寿医療研究センターの論文のレビューによれば、MCI（軽度認知障害）でない場合は、からだを動かすことで全般的認知機能の改善が認められました（「認知症予防についての調査研究事業結果報告書」、2017年）。

MCIの場合は有意な改善がみられませんでしたが、総合評価でみると、MCIでも身体活動は全般的認知機能の改善に有効であることが示唆されたとしています。

米イリノイ大学の研究チームのデータでも同様の結果が出ています。

運動が脳の機能にプラスになるのは事実であるようです。

運動をすることで、ドーパミンなどの神経伝達物質が増えたり、繰り返しの運動トレーニングによって男性ホルモンや成長因子など成長を促すホルモンが脳に分泌されたりします。そして、これらによって海馬で新たに神経が作られ、認知機能が向上します（筑波大学他、2012年）。

さらに有酸素運動を行えば、血流増加によって脳にも酸素が十分に供給されるようになります。脳内の血液が増えることで、脳の神経細胞が新しく作られ、神経細胞同士を結び付ける働きを持つシナプスも活発になり、さらに記憶力を増強できるのです。

†ストレスを回避する

認知症の発症にはストレスも影響します。

アメリカで、50歳以上の1万2307人（認知機能が正常な人1万457人、認知機能障害の人1850人）を対象に、2~8年後に認知症を発症した人を分析した調査が行われました。それによると、協調性がない人、イライラしやすい人、気にしやすい人が認知症になりやすいという結論でした（Terracciano A. et al., 2017）。

こういった性格の人は社会的に孤立しがちで、ストレス回避がうまくできなかったり、友人に愚痴をこぼすというようなことができなかったりする傾向があります

ストレスは、記憶に関係する海馬にダメージを与えます。孤立しがちな性格で社会的・精神的援助を受けにくい人や、物事に固執して何ごとも気にしやすい人は、ストレスの影響をより受けやすくなり、記憶自体に影響が出てしまうのです。

いかに早くストレスを回避するかが、脳にとって重要だということです。

ただ、ストレス回避と言っても、酒やタバコに頼っては意味がありません。前向きな趣味によってストレスを回避したり、人のネットワークを築いたりする必要があります。

†もっとも重要で基本的な予防法

認知症予防というと、どうしても運動や食事の問題だと思ってしまいますが、まず重要なのは、生活習慣病の予防です。

禁煙をして、高血圧症や脂質異常症などをきちんと治療していくことが最も重要なことなのですが、こういうことがテレビの健康番組で言われることはほとんどありません。あまりに当たり前すぎて、面白くないからです。テレビではこういった当たり前の情報は発

信されず、極端な食事療法ばかり扱いがちです。

あるいは、「簡単な運動で脳を鍛えて認知症を予防したい」というような考え方におもねっていることもあります。

テレビゲームであろうと運動であろうと、脳を鍛えるレベルに達するにはかなり真剣に取り組む必要があります。安易な脳トレレベルでは脳の刺激になりません。ある程度大変なことをしなくてはならないのです。

3 コレステロールは摂らないほうがいい？ 【答え】✕

食と健康への関心は非常に高いですが、実は、食事の健康への影響を疫学的に証明することは難しいものです。

わかりやすいのはビタミン欠乏症でしょう。

ビタミンCが不足すれば壊血病になり、ビタミンB1が欠乏すれば脚気になります。

多くの物資を積めなかった昔の船の上や、旧日本陸軍のように白米を奨励していたような環境では、このようなことはよくありました。ですが、現代のように、いつでもどこでも好きなものが食べられる状況では、何かの欠乏症が起こるということはなかなか考えられません。

それでもテレビ番組では頻繁に食と病気の関係を放送して、視聴率を稼ごうとしています。

何か特殊なものを食べていれば、認知症やがんになりにくい、長生きできる。そんな欲望にはきりがないので、テレビで放送するのは安易な健康法になりがちです。

コレステロールについても、以前から問題視する番組が繰り返し放送されて、イカやエビはよくない、卵のコレステロールがよくないなどと言われてきました。

コレステロールは細胞膜やホルモンを形成するために必要な物質でもありますが、多すぎれば動脈硬化の原因にもなり、「長生きしたいならコレステロールが多く含まれる食べ物は摂らない」というのは常識のようになっていました。

ところが最近では、「食事でコレステロールをたくさんとっても、血液のなかのコレステロールが増えるわけではない」という考え方が主流になってきました。

アメリカでは、2015年2月に栄養療法の指針が改訂され、食事のコレステロールについては問題にしないようになっています。日本でも「日本人の食事摂取基準」2015年版で、厚生労働省がコレステロールの摂取基準を撤廃しました。

にもかかわらず、一般的にはほとんどの人が、コレステロールの多い食事を食べるからコレステロール値が上がると信じています。今まで、食事とコレステロールの関係があまりに強調されてきてしまったために、なかなか現実を受け入れることができなくなってしまったのでしょう。

あるいは患者さんのなかに、「コレステロールの摂取を減らせば、血液中のコレステロールが減って基準値まで下がる」と信じたい願望があるせいかもしれません。

本章第1節でも述べましたが、特定健診（通称メタボ健診）は、コレステロール値が高かったとしても、すぐに薬を投与するのではなく、食事や運動によってコレステロール値を基準値にまで下げようというのが狙いだったはずです。

ところが、実際には食事指導や運動療法を行うことなく、すぐに投薬しているケースがほとんどです。このことが既に問題ですが、そもそも食事指導によってコレステロール値を下げることが難しいとなると、特定健診の本当の狙いは基本的に間違っているということになりかねません。このことはほとんど問題にされていないのが現実です。

4　脂肪はからだに悪い？　【答え】✕

食事の中の脂肪は悪者にされてきました。

しかし、最近の研究では、脂肪の中にも摂るべきものと避けるべきものがあるとされています。

栄養という意味では、人にとって脂肪は重要です。前節で紹介したコレステロールも、人体に必要な脂肪の一種です。一方で、食物中の脂肪や過剰な炭水化物などを原料として体内で合成された脂肪は、肝臓や脂肪組織などに貯蔵され、それが多すぎると脂肪肝になってしまいます。

†脂肪には種類がある

脂肪の主要な成分は脂肪酸です。その種類によって、おおまかに飽和脂肪酸と不飽和脂肪酸に分けられます。

飽和脂肪酸は、私たちが「脂肪」と聞いて思い浮かべる、動物性食品に多く含まれる脂質です。

不飽和脂肪酸は、炭素や水素などの構成要素の結びつき方によって、さらに様々な種類があります（図2）。

まず、多価不飽和脂肪酸を見ていきましょう。多価不飽和脂肪酸は、体内では作れない必須脂肪酸です。

①ω《オメガ》3脂肪酸（別名n－3系）

・α－リノレン酸

α－リノレン酸は細胞膜の成分であり、中性脂肪を減らし、血栓や高血圧の予防、老化防止、アレルギーを抑えるなどの働きがあります。

体内ではつくれない必須脂肪酸ですが、加熱に弱いため、ドレッシングやマリネに使って摂取するといいでしょう。エゴマ油（シソ油）、亜麻仁油、クルミなどに多く含まれています。

図2　脂肪酸の種類

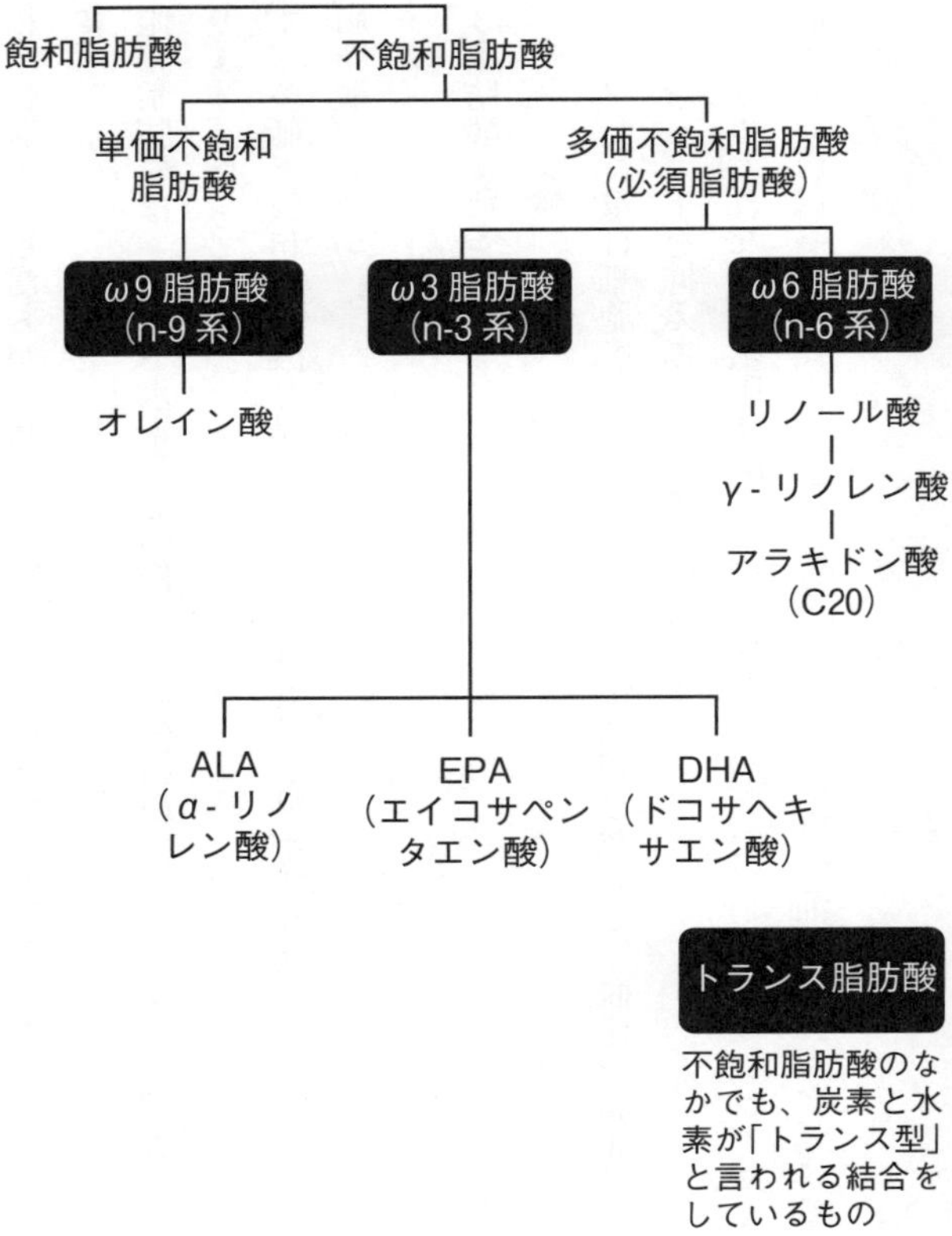
飽和脂肪酸
不飽和脂肪酸
単価不飽和脂肪酸
多価不飽和脂肪酸（必須脂肪酸）
ω9 脂肪酸（n-9 系）
ω3 脂肪酸（n-3 系）
ω6 脂肪酸（n-6 系）
オレイン酸
リノール酸
γ-リノレン酸
アラキドン酸（C20）
ALA（α-リノレン酸）
EPA（エイコサペンタエン酸）
DHA（ドコサヘキサエン酸）
トランス脂肪酸
不飽和脂肪酸のなかでも、炭素と水素が「トランス型」と言われる結合をしているもの

・DHA、EPA

健康食品としてよく販売されていますが、これらはα‐リノレン酸を摂ると体内でつくられます。とはいえ体内合成だけでは必要量に満たないので、これも必須脂肪酸の一つとされます。

DHA、EPAは青魚に多く含まれ、中性脂肪や悪玉コレステロールを減らし、血栓を予防するなど、血管の若さを保つ働きがあります。また、DHAには脳の働きを活発にし、精神を安定させる効果も認められています。

青魚の中でも、サバ、サンマ、イワシ、マグロなどの魚脂に多く含まれています。

②ω6脂肪酸（別名n‐6系）

・リノール酸

リノール酸は、現代の食生活において、摂りすぎが問題視されている油です。摂りすぎると、血栓症や動脈硬化の原因となり、アレルギー症状を悪化させるなどの弊害が報告されています。

サフラワー油（紅花油）、ヒマワリ油、大豆油、コーン油、綿実油、ゴマ油、スナック菓子などに多く含まれています。

・γ－リノレン酸
血糖値や悪玉コレステロール値を下げ、血圧を安定させるなど、生活習慣病予防に役立つ脂肪酸です。また、皮膚の炎症を抑えたり、月経前症候群（ＰＭＳ）の症状をやわらげたりする効果もあります。

月見草油、カシス種子油、母乳などに含まれます。

・アラキドン酸
乳児の脳や体の発達に欠かせない成分で、学習能力・記憶力の向上、免疫機能や血圧を調整する働きがあります。ただ、摂りすぎると動脈硬化を進めたり、高血圧、脂肪肝、アレルギー性疾患を引き起こす危険もある脂肪酸です。

卵、牛レバー、豚レバー、イクラ、タラコ、母乳などに多く含まれています。


単価不飽和脂肪酸には、ω９脂肪酸があります。

③ω9脂肪酸（別名n－9系）

・オレイン酸

血液中の悪玉コレステロールを減らし、動脈硬化や心臓病、高血圧などを予防する働きがあります。保湿力が高いので、他の美容成分が肌に浸透するのを助けるためにも使われます。

酸化しにくく、長期間の保存もできるのが利点です。また加熱にも強いので、幅広い料理に利用可能です。オリーブ油、キャノーラ油（菜種油）、品質改良でオレイン酸量を多くしたヒマワリ油やサフラワー油、アボカドなどに多く含まれます。

†摂りすぎに注意するべき油

一般に体にいいとされる不飽和脂肪酸のなかにも、摂りすぎに注意が必要な油があります。

・トランス脂肪酸

アメリカの食品医薬品局（FDA）は、マーガリンなどの加工油脂に使用されているトランス脂肪酸の食品への添加を、2018年6月以降原則禁止することを決定しました。「トランス脂肪酸の摂取を減らせば、年に7000人の死者と最大2万件の心臓発作を避けられる可能性がある」と発表しています。

トランス脂肪酸は、植物性油を精製する工程で、原材料にヘキサンという化学溶剤を加えて高温処理する際に生まれる副産物です。サラダ油などの植物性油、マーガリンやショートニング、さらにこれらの油を使ってつくられる菓子パンやケーキ、ドーナツなどの洋菓子、ポテトチップスなどのスナック菓子にも含まれています。

トランス脂肪酸は摂りすぎると動脈硬化や心臓病、アレルギーなど体にさまざまな害をおよぼす〝危険な油〟です。脳の血管にも悪影響を与え、アルツハイマー型認知症やパーキンソン病を引き起こす原因になるという報告まであります。

†脂肪を多く摂ったほうが長生きする

従来は動物性の脂肪に含まれる飽和脂肪酸を減らし、魚に多く含まれる不飽和脂肪酸をたくさん摂ることが長生きにつながり、病気も少なくできると考えられてきました。

ところが、炭水化物の摂取量が多いほど死亡リスクが高まり、脂質（飽和脂肪酸）の摂取量が多いほど死亡率が低下するという論文が『Lancet』のオンライン版に掲載され、従来の常識が覆されてしまいました。

この論文は、カナダ・マックマスター大学のMahshid Dehghan博士らが報告したものです。5大陸18カ国で、すべての死亡および心血管疾患への、食事の影響を検証した大規模疫学前向きコホート研究が行われました（The Prospective Urban Rural Epidemiology Study, 2013）。２００３年１月１日時点で35～70歳の13万５３３５例を登録し、２０１３年3月31日まで、中央値で７・４年間にもわたる追跡調査です。

被験者を飽和脂肪酸の摂取量で5グループに分け、脳梗塞や心筋梗塞といった循環器疾患との関係を調べた結果、いずれも心筋梗塞との関連性は見られませんでした。それどころか、飽和脂肪酸を多く摂取していたグループは、そうでないグループよりも脳梗塞で死亡するリスクが低いという結果だったのです。これは、従来の説とは逆の結果とさえ言えます。

「脂質を摂るのをなるべく控えましょう」

この台詞は、医者や栄養士の合い言葉のようになっていました。

しかし、脂肪を多く摂ったほうが長生きできることがわかったのです。
しかも、飽和脂肪酸でもいいのです。

5　糖質ゼロダイエットで健康、長生き?　【答え】×

†糖質を摂りすぎると死亡リスクが高まる

先ほど紹介したDehghan博士らの研究では、炭水化物を摂りすぎると死亡リスクが上昇するという結果が出ました。

炭水化物というのは「糖質＋食物繊維」なので、これはつまり「ご飯の食べすぎで死亡リスクが上昇」ということです。お米好きの日本人にとっては大きな衝撃でしょう。

Dehghan博士らの研究は、13万例以上を対象に追跡調査を行っています。これだけ大規模なコホート調査は非常に大変で、これを否定できるような研究を行うことは、少なくとも日本では無理だと思われます。従来の炭水化物摂取にかんする研究データのほとんどが欧米のものであったのに比べ、この調査では18カ国を網羅していることからも、信頼度が高い調査と言えるでしょう。

この論文の結論は、以下のようなものです。

①炭水化物摂取量の多さは全死亡リスク上昇と関連する
②総脂質および脂質の種類別の摂取は全死亡リスクの低下と関連する
③総脂質および脂質の種類は、心血管疾患、心筋梗塞、心血管疾患死と関連していない
④飽和脂肪酸は脳卒中と逆相関している。つまり、飽和脂肪酸を多く摂れば脳卒中は減る

より詳しく見ると「炭水化物の摂取量が60・8%以上の群では、死亡率が上昇する」という結果が出ており、炭水化物が6割以上を占める食事は避けるべきだということになります。

ところが、現在の日本の医療現場のカロリー制限食では、食事に占める糖質量は6割くらいです。これでは糖尿病に限らず、生死にかかわる健康リスクが増大することになってしまいます。

和食は糖質量が増えてしまいがちですので、食事に占めるご飯の量には注意していく必要があります。

炭水化物ダイエットは安全なのか?

こういった研究結果を背景に、炭水化物を減らすダイエットや、もっと極端な糖質ゼロダイエットが注目されるようになっています。

実は、私自身も炭水化物ダイエットをして、数カ月で5kgくらい減量したことがあります。リバウンドして元に戻ってしまいましたが、確かに短期間でやせるなら、炭水化物ダイエットは有効のように思えます。

しかし、炭水化物ダイエットの危険を指摘する研究もあります。

メイヨークリニックのヘザー・フィールズらは、2005〜2016年の72件の研究をメタ解析しました。それによると、低炭水化物ダイエットは低脂肪ダイエットに比べ、6カ月間で体重を1・1〜4・0kg減らす効果がありました。さらに血圧や血糖コントロールの改善もあったそうです。しかし、長期的には、その効果が脂質制限やカロリー制限による食事と比べて特に優れているということはなかったとしています。

また、炭水化物を制限した人は肉の摂取量が増えることが多く、心血管疾患やがんの発症リスクが上昇するおそれがあることも指摘されています。

結局、低炭水化物ダイエットでは6カ月くらいの短期間であれば安全に体重を落とすことができますが、長期的には他のダイエットと変わりはない、ということのようです。

6 酒は百薬の長？【答え】×

テレビで酒のCMを見ない日はありません。世界的には酒やタバコといった嗜好品の宣伝は厳しく規制されていく傾向にありますが、日本ではまだまだ規制が甘いので、酒と健康の関係を一人ひとりがしっかり認識して、知識として持っている必要があるでしょう。

アルコールは、アルコールを飲める人つまりアルコール分解酵素を持っている人が適量を飲めば、健康や長生きにつながると言われてきました。それが、飲める人の口実にもなっています。

これは、裏を返せば、アルコール分解酵素を持たない人にとって酒は毒だということです。

酒の適量は意外と少ない

厚生労働省が推進する国民健康づくり運動「健康日本21」によると、「節度ある適度な飲酒」というのは、純アルコールにして一日平均約20g程度であるとされています。この程度の飲酒は、善玉コレステロール（HDL-C）を増やす可能性があります。

純アルコール約20gとは、お酒の種類に当てはめるとこれくらいの量です。

○本格焼酎（25度）……100ml（半合程度）
○ビール（5度）……500ml（中ビン1本程度）
○清酒（15度）……167ml（1合弱）
○ワイン（13度）……192ml（1合程度）
○ウイスキー・ブランデー（40度）……62・5ml（ダブル程度）

いかに適量が少ないか、わかるのではないでしょうか。酒が飲める人にとっては、この程度の量で抑えることはかなり難しいでしょう。

酒と健康に関するデータは業界団体が作るものが多く、どうしても客観性に欠けがちです。

それでも、フランスの国立がんセンターが2009年に「赤ワインを常飲するとがんの罹患率が168%増になる」というデータを発表しました。フランス人男性の死因のトップはがんであり、特に肝臓がんが多かったそうです。赤ワインの常飲は、咽頭がん、食道がん、乳がんなどの罹患率を上げると結論づけています。

理論的には酒を飲んで健康になれる量があるにしても、現実には過剰摂取になってしまう可能性が高く、そのリスクのほうが高いでしょう。

実際には、健康のために酒を飲むことは難しいと考えるべきです。

†飲酒は寿命を縮める

さらに最近、飲酒に対して否定的な調査結果が出てきました。

ワシントン大学の研究チームが、40カ国以上の研究者の協力を得て、のべ60万人を対象に、アルコール摂取量と健康への影響を調べました（2018年）。

その結果、少量の飲酒は心筋梗塞のリスクを下げるが、脳卒中や大動脈瘤、致死性の高血圧性疾患のリスクを有意に上昇させ、総合的には寿命を縮めているという結果が出ました。したがって、酒に適量は存在しないということになってきています。

健康のためには完全な禁酒が理想になってきますが、これは禁煙以上に難しいでしょう。テレビCMの禁止など、飲酒を煽る環境をなんとかするべきですが、酒類を販売する会社の思惑もあって、なかなかこういった事実は報道されないのが現実です。

7 歳をとったら禁煙しても意味がない? 【答え】×

†禁煙こそが、がん予防

国立がん研究センターによれば、喫煙について以下の事実がわかっています（国立がんセンター予防研究グループ「多目的コホート研究」より）。

・日本の研究では、がんによる死亡のうち、男性で29％、女性で3％は喫煙が原因である（2004年）。

・肺がんの死亡では男性で68％、女性で18％は喫煙が原因だと考えられている（2002年）。

・たばこの煙の中には数千の化合物があり、発がん物質が数十種類含まれている。

・発がん物質はDNAと結合をして、遺伝子の変異を引き起こす。遺伝子の変異が、がん遺伝子、がん抑制遺伝子、DNA修復遺伝子などにいくつか蓄積することによって、細胞ががん化すると考えられている。

・国際がん研究機関（IARC）の発がん物質の評価によれば、喫煙とたばこの煙のヒトに対する発がん性は、最も強い「グループ1：ヒトに対して発がん性がある」と判定されている。

・胃がん、肝臓がん、子宮頸《けい》がんも喫煙と因果関係があると判定された。その他には鼻《び》腔《くう》・副鼻腔がんや腎細胞がんも喫煙年数や喫煙本数との関連が報告されている。

・例外的に、大腸がん、女性の乳がんと喫煙の明確な因果関係は証明されていない。

・喫煙年数が長いほど、1日の喫煙本数が多いほど、また喫煙開始年齢が若いほど、がんになりやすくなる、あるいはがんで死亡する危険性が高くなる。
・喫煙は、がんだけでなく狭心症や心筋梗塞、脳卒中、慢性閉塞性肺疾患（COPD）など呼吸器の病気の原因にもなる。

以上のことからわかるのは、喫煙者にとって、禁煙こそがもっとも積極的で確実ながん予防となるということです。

メディアによってきちんとした情報がいまだに発信されていなかったり、喫煙の厳しい規制ができていなかったりすることが、結局、国民の寿命を縮めているのです。

†喫煙をそそのかすメディアと知識人の責任

このように、タバコの健康被害は医学的にも証明されています。一方で、喫煙者の喫煙の自由を訴える人もいます。

ここは、はっきりと分けて考えるべきでしょう。嗜好品の自由は保護されるべきですし、喫煙もそれ自体は自由です。しかし、著名人、とくに評論家などが喫煙の自由を訴えると、結局、若い人たちの喫煙が減らないということが問題になります。

著名人は、自分の影響力を考えて喫煙の自由を語るべきではないでしょうか。

「健康に関して自分で責任を持つ」「自分の命は自分で考える」「たとえ寿命が短くなっても、喫煙して生きたほうがいい」という論理で喫煙を正当化する人もいますが、確かにこれは個人の自由ですから、外からとやかく言う意味はありません。ただ、それを発信することで、若い人に影響が出てしまうことが問題なのです。

それどころか、いまだに喫煙を擁護するような統計的な過ちを、平気でテレビなどで語る専門家がいることに驚きを禁じえません。

たとえば、「喫煙者が減っているのに肺がんが増えているのはおかしい」と言う人がいます。これは、喫煙の影響が体に現れるのが遅れるために、発症率と喫煙率が一致しないだけのことです。

高齢になって、いまさらタバコをやめても仕方ないのではないかという議論もあります。

これについては、九州大学による調査が行われました（2014年）。平均年齢72歳の高齢者712人を、「喫煙」「中年期に喫煙／老年期に非喫煙」「非喫煙」の3つに分けて追跡調査したところ、15年後には202人が認知症となり、なかでも「喫煙」における認知症発症割合は「非喫煙」の2倍だったことを報告しています。そして、「中年期に喫煙／

図3　喫煙の経験と認知症発症の関係

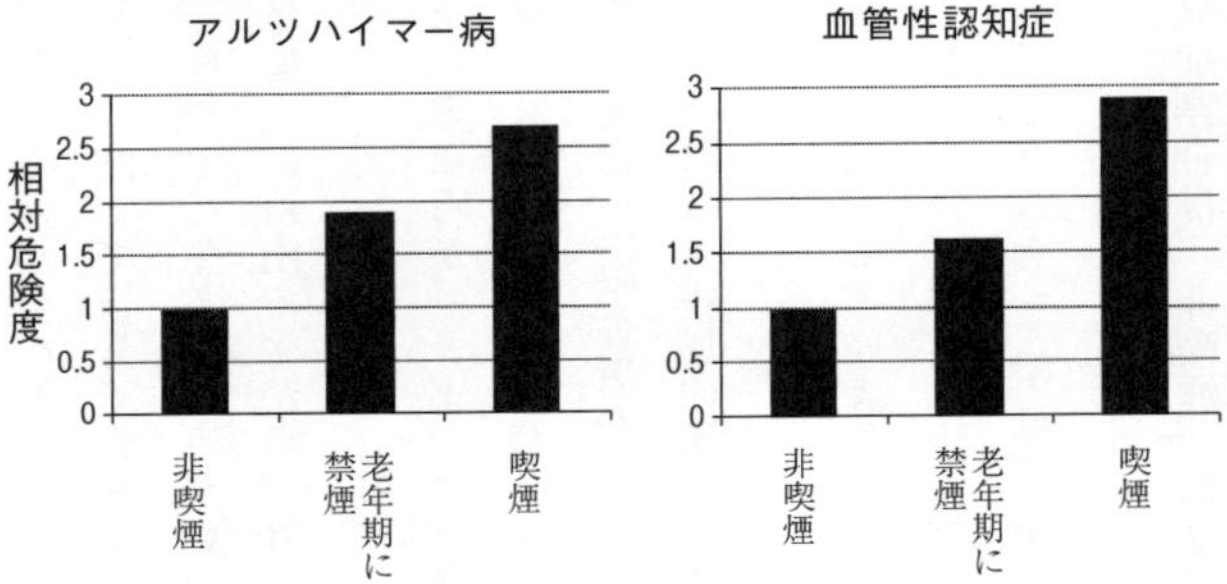

「わが国における高齢者認知症の実態と対策：久山町研究」（清原裕、2014年）より作成

老年期に非喫煙」では「喫煙」よりも低い割合だったのです（図3）。

これは、70歳を過ぎた禁煙でも意味があるということでしょう。

喫煙のリスクを討論する時代は終わっているにもかかわらず、いまだにそれを蒸し返すエセ科学者がいることが問題ですし、それを発信するメディアにも責任があります。

喫煙者にとって有効ながん予防は禁煙しかありません。にもかかわらず、禁煙を訴える番組がテレビで放送されないのは、やはりスポンサーであるＪＴの影響なのでしょう。

8　野菜はからだにいい?　【答え】○

日本人の野菜摂取量の平均は、2013年の国民健康・栄養調査によると30歳代で249g、40歳代で245g、50歳代で286gで、目標摂取量の350gに達していません。国民全体としては、緑黄色野菜や葉物野菜、海藻などの摂取量は減っている傾向にあります。

先にも述べましたが、信頼度の高い食事の疫学調査を行うのは困難です。薬と違って、特定の食材だけを食べ続けることはできないからです。多くは聞き取り調査のようなものですから信頼度は低くなりますが、それでも野菜を多く摂取することのメリットについては様々な報告があります。

†たくさんの栄養素

野菜には多くの栄養素が含まれています。

ただ、野菜によって含まれている栄養素の種類や含有量が違うので、一つの野菜だけ食べていればいいということはなく、多彩な野菜を摂る必要があります。ビタミン、カリウム、食物繊維、フィトケミカルといったものが、野菜に含まれる栄養素としてよく知られています。

なかでももっともよく聞くのはビタミンでしょう。ビタミンAには、視覚作用や皮膚や粘膜の正常化を促す作用があります。ビタミンCには、コラーゲンの生成や抗酸化作用の効果。ビタミンDは、カルシウム（骨形成）の吸収促進。ビタミンEには抗酸化作用・アンチエイジング作用があります。

カリウムには体の中の余分な塩分を出す作用があり、高血圧の人にとって重要な栄養素です。イモ類やトマトに多く含まれます。

フィトケミカルは、少し耳馴染みがないかもしれません。これは、植物のなかに存在する化合物の総称で、リコピン（トマト）、ポリフェノール（ブドウ）、カテキン（りんご・ブルーベリー・茶）、アントシアニン（紅芋・黒豆）といった、健康食品やサプリメントとして売られることの多い栄養素です。

これらの全ての効果が科学的に完全に立証されているわけではありませんが、健康維持に役立つとして高い期待がかけられています。

†動脈硬化の予防

動脈硬化を防ぐには、単にコレステロール値を下げるのではなく、コレステロールの中でもＬＤＬ（悪玉）コレステロールの酸化を抑制することが重要です。

活性酸素によるＬＤＬコレステロールの酸化を防ぐには、抗酸化物質を多く含む野菜を摂ることが有効です。

緑黄色野菜に多く含まれているビタミンＣ、ビタミンＥ、β－カロテンが大切です。トマトに含まれているリコピンや、ナスに含まれているアントシアニンなどの天然色素も抗酸化物質です。

†細胞の回復力を高める

野菜のからだに対する影響を考えるときに、栄養素とはまったく別の視点があります。野菜に含まれる「微量毒素」を摂取するという考え方です。

人間が体内に酸素を取り入れてエネルギーを作り出すときに、フリーラジカルという細胞毒が発生します。このフリーラジカルによって体の細胞が傷つくことが、がんや心血管疾患、糖尿病などの発症に関係するとされます。

一般的には、野菜や果物がからだにいいのは、これらに含まれるビタミンCやビタミンEといった抗酸化物質が、このフリーラジカルを中和するからだとされます。

しかし、これまでの実験では、ビタミンCやビタミンE、ビタミンAなどの抗酸化物質は、病気を防いだり進行を抑えたりすることはできていません。

そこで言われはじめたのが、植物が作り出す苦味のある化合物——微量毒素——を摂ることが、人間の体にいい影響を与えているのではないか、という考え方です。

植物は、害虫から身を守るために進化の過程で微量の毒素を作るように変化してきました。人間がこれを食べることによって、毒素が人体の細胞に軽いストレスを与え、それに打ち勝つための反応が起きます。これが細胞の劣化防止に関係するメカニズムのひとつになっているというのです。

人間の心で考えてみても、まったくストレスがなければ、精神的に強くなることはできません。ストレスに打ち勝つ能力を身につけることで、私たちは成長することができています。

からだの細胞も同じことで、わずかな毒という軽いストレスをかけると、強いストレスに耐える能力が強化されるのです。

細胞の回復力が高まるこの現象は「ホルミシス」と言われています。

†循環器系疾患が減る

野菜摂取の疫学調査は非常に難しいものの、大規模な調査で野菜摂取が疾病の予防に有効であることが示されています。

厚生労働省研究班が実施している大規模長期追跡研究「NIPPON DATA研究」は、20年以上にわたって行われています（三浦克之他、2019年）。

29年間の追跡期間中に、男女9115人のうち1070人が脳卒中や心臓病で死亡しました。性別、年齢、飲酒習慣、喫煙習慣、他の食品摂取量などの影響を調整して解析したところ、野菜、果物および魚摂取量が少ないほど、また食塩摂取量が多いほど、循環器疾患死亡リスクが高いことがわかりました。それぞれの摂取量が野菜175g未満、果物100g未満、魚40g未満（どれも最も少ない群）で食塩摂取量が基準以上の場合、野菜350g以上、果物200g以上、魚80g以上（どれも最も多い群）で食塩摂取量が基準未満の場合と比較すると、循環器疾患死亡リスクは2・87倍でした。

†がんを減らす効果には否定的結果

一方、肺がん発症と野菜摂取の相関は弱いようです。最近行われたヨーロッパの大規模な研究やメタアナリシスによれば、野菜ががんを予防する効果は明確ではありません。喫煙者では野菜摂取によってリスク低下がみられますが、対象者全体では有効性はありませんでした。胃がんを予防する効果についても、否定的な調査が多くなっています。

大腸がんについては、野菜の摂取が多いと発症のリスクが低くなるとする研究が多数ありました。しかし、リスクとは関係しないという報告もあります。日本の調査でも、野菜・果物の摂取による大腸がんの発症リスク低下はみられていません。従来考えられていたほど、大腸がんのリスクを抑えることはできないと考えたほうがいいようです。

乳がんについても、いくつか肯定的な論文はありますが、全般的には野菜摂取と乳がんの発症リスク低下には関係がないというメタアナリシスが多数発表されています。

†アルツハイマー型認知症のリスクを下げる

アルツハイマー型認知症の患者は血液中の抗酸化成分が少ないという報告があります。この報告によれば、ビタミンEを摂取することで、アルツハイマー型認知症のリスクが下がります。

さらに、ビタミンEを多く摂取することで、高齢者の記憶の改善効果がある、認識力が高まるという報告もあります。

一方で、ビタミンEを含む抗酸化成分（β-カロテン、フラボノイド、ビタミンC、ビタミンE）の摂取は、老年時の認知症予防には効果がないという否定的な研究結果もあります。オランダの疫学調査では、ビタミンAとEの摂取とアルツハイマー型認知症のリスク低減とは関係が認められないと報告されました。

抗酸化成分やビタミン類の摂取で認知症が予防できるかどうかは、結論が出ていないと言うべきでしょう。

とはいえ、血液中のホモシステイン（アルツハイマー型認知症の危険因子）を抑制する葉酸の摂取量が多いほどアルツハイマー型認知症のリスクが低いという報告がありますし、ビタミンB群（特にB9、B12）は脳の代謝に関係します。

フランスで行われた、65歳以上の約8000人を対象にしたコホート研究では、毎日の果物・野菜の摂取は認知症のリスク低減と関連し、特にApoE-ε4遺伝子を持たない人でその関連が顕著であると報告されました（ApoE遺伝子とはアルツハイマー病の原因となるアミロイドβペプチドの集積を司る遺伝子で、ε2、ε3、ε4の3種類の組み合わせからなります）。

まだ確実ではありませんが、野菜摂取は認知症予防に必要なものだと言っていいでしょう。

9　コーヒーはからだにいい？　【答え】◯

国立がん研究センターによる調査・研究によると、コーヒーは肝臓がんと子宮体がんの予防に効果が期待できるということです。とくに肝臓がんを抑える効果は「ほぼ確実」、子宮体がんを抑える効果は「可能性あり」とされています。

ある特定の食品ががんを予防するというのは非常に珍しい結果ですが、肝臓がんの予防には、コーヒーを日々飲むことがかなり有効なようです。

国立がん研究センターのコホート研究では、40～69歳の男女約9万人について、調査開始時のコーヒー摂取頻度によって6つのグループに分けました（2005年）。調査開始から約10年間の追跡期間中に、肝臓がんにかかったのはそのうち334名（男性250名、女性84名）です。

その結果、コーヒーをほとんど飲まない人に比べ、ほぼ毎日飲む人は肝臓がんの発生リスクが約半分に減少するという結果でした。さらに、1日の摂取量が増えるほどリスクが低下しました。1日5杯以上飲む人では、肝臓がんの発生率は4分の1にまで低下しています。

明らかに、コーヒーを多く飲む人ほどリスクは下がっているのです。

他の研究で、肝臓がんの最大のリスク要因である肝炎ウイルス感染の有無で分けた場合、肝炎ウィルス感染がなくても肝臓がんの発生リスクが低くなることが報告されています。

一方、大腸がんについては「データ不十分」という段階です。

†糖尿病を予防する効果も

国立国際医療研究センター糖尿病研究部は、日本人約5万6000人を対象に、コーヒーの摂取と糖尿病発症の関係について調査を行いました。2009年の発表によれば、コーヒーを飲む回数が「週3〜4杯」の人は、「ほとんど飲まない」人に比べて、2型糖尿病を発症するリスクが、男性で17％、女性で38％低下しました。

糖尿病はがん発症のリスク要因であり、とくに2型糖尿病の場合、長期罹患患者のがん発症率が非常に高いという研究もあります。

また、コーヒーにはポリフェノールの一種である抗酸化物質のクロロゲン酸が豊富に含まれています。クロロゲン酸には、血糖値を改善、体内の炎症を抑える作用があります。

コーヒーには「糖尿病予防」効果と「抗酸化作用」があり、この二つががんの抑制に働いている可能性があります。

さらに、コーヒーを1日3〜4杯飲む人は、ほとんど飲まない人に比べて心疾患、脳血管疾患、呼吸器疾患で死亡するリスクが、それぞれ4割程度減少するという結果もあります。コーヒーは、病気の予防にはかなり有効な食品であると言えるでしょう。

10　スポーツはからだにいい？　【答え】×

†運動しすぎはからだによくない

運動というのは「からだを動かすこと」です。広い意味では、日常生活での活動（生活活動）も運動だと考えられます。

本来、人間が生きていくためには食物を探すために歩き回ることが必要であり、「運動」と意識せずとも生きるために歩き回っていたはずです。社会の進歩によって次第に動かなくても食料が手に入るようになり、それが生活習慣病と結びつくようになりました。つまり現代は、運動は意識してやるべき時代だというわけです。

と言っても、「運動がからだにいい」と言ってしまうと過激なスポーツも入ってくるので、こう言い切ることはできません。酸素消費が過剰になれば、過酸化物質によって、むしろからだにはマイナスになってしまいます。

そもそも、食事と同様に、大きな疫学的調査で運動の評価をすることは困難です。ある運動しかしないということはできませんから、どうしても精度は落ちてしまいます。

それでも「スポーツはからだにいい」というイメージが強いのは、スポーツ用品メーカーや、それぞれのスポーツ団体などの利害関係者が裏で動いているからでしょう。自治体のスポーツ振興にも様々な利害関係があり、純粋に健康のためというより、町おこしといった意図が見え隠れします。

実際には、スポーツに対して否定的な調査もあります。スポーツ選手が長生きするというきちんとしたデータはありませんし、サッカー選手のヘディングが脳に悪影響がある、NFL(アメリカンフットボール)の選手に認知機能障害が起きやすいなどの、それぞれのスポーツがからだに与える悪影響も明らかになってきています。「どのスポーツが健康にいいか」という視点でプロスポーツを比較するべきではないことは確かでしょう。

結局は、歩くこと——ウォーキングこそが誰でもできる、一番の健康法です。

ウォーキングをするメリット

①生活習慣病の予防

食べ物から得たエネルギーと運動により消費したエネルギーがバランスよく保たれていれば、肥満にはなりません。ところが、24時間どこでも食べられる現代の食生活では、どうしても食事からのエネルギーが多くなってしまいます。

使われなかったエネルギーは脂肪としてからだに蓄えられて、脂肪が必要以上に蓄積し、肥満となります。そして肥満が原因となって、糖尿病、高血圧、脂質異常症といった生活習慣病になるリスクが高くなっていくのです。

②筋力やからだ機能の維持

からだを動かさないと筋力が低下して、移動する能力が落ちていきます。

人間が歩くときには、大腿四頭筋（大腿直筋・広筋）、大腿二頭筋、前脛骨筋、下腿三頭筋（腓腹筋・ヒラメ筋など）といった多くの脚の筋肉を使っています。ですから、歩かないと多くの筋肉が減少し、さらにバランス能力、心肺機能が低下してしまいます。ただでさえ老化現象によって筋肉萎縮も起きてくるので、運動という刺激がなければ、歩かない、歩けない、筋力低下という悪循環を繰り返し、まずます歩けなくなっていくのです。

毎日歩くだけでも、必要な筋肉、機能が維持できます。

③精神的な効果

歩くことによってセロトニンなどの脳内物質が増え、うつ病に強い脳になっていきます。

起きたばかりの頃はすぐに元気が出ないけれども、からだを動かすことで、次第にその日のやる気が出てくるということはないでしょうか。これは、運動でセロトニンが次第に増えている証拠です。

運動は精神面に非常に大きく影響するということがわかってきています。ウォーキングによって、認知症リスクの低下、不定愁訴《しゅうそ》とよばれる様々な身体症状の低減、気分転換やストレス解消が可能です。

†一日30〜40分のウォーキングから始める

では、どのくらい運動すればいいのでしょうか。

日本人では平均7000歩と言われています。よく一万歩と言われますが、この目標は一般的な日本人の運動量から言えば実現が難しいでしょう。

まずは30〜40分のウォーキングを目指すだけでも、まったく運動しないことに比べれば、大きなメリットがあります。

とにかく動き回ることが、認知症の予防にもつながってきます。

その際、自分の行動空間を考えてみましょう。一週間に動き回った範囲で、地図を作ってみるといいでしょう。リタイアしてしまえば家とスーパー、公園くらいの範囲でしか動かなくなっていることがわかるはずです。

そこに旅行などが入ってくれば行動空間が広がることになり、新しい刺激となって認知症の予防になります。運動量だけでなく、行動空間の広がりも考えて、ウォーキングをするといいでしょう。

11 長生きは遺伝子で決まる？・【答え】×

†長生き遺伝子の発見

長生き遺伝子とも言われる「サーツー（Sir2）」遺伝子（サーチュイン遺伝子の一つ）が発見されたのは、1999年のことです。米国・マサチューセッツ工科大学のレオナルド・ガレンテ教授が、酵母菌の中から発見しました。

Sir2 遺伝子が発見されたときに使用された酵母菌は、冷蔵庫の中で保管されていたものでした。寒くてエサもない、厳しい環境になって、はじめて遺伝子が活性化したのです。

ガレンテは「カロリー制限」に注目し、酵母菌で実験をしました。酵母菌のエサであるブドウ糖の量を減らし、カロリーを25％程度低く抑えると、ＮＡＤ（ニコチンアミドアデニンジヌクレオチド）という代謝の仲介をする補酵素が出て、Sir2 遺伝子にまとわりつき活性化させることがわかりました。

食事の量を減らすと長生きできるということは、従来から可能性が指摘されていました。第二次世界大戦のとき、ドイツ軍から空爆を受けていたロンドンでは食料の状況が逼迫していました。極度なストレスを受ける状況ですから病気は増えそうなものですが、その後の調査によって、このような飢餓状態を経験したロンドン市民の心臓疾患が減っていたことがわかりました。ここから、食事の量を減らすことが、長生きとつながるのではないかと考えられるようになったのです。

ＮＡＤは、人間の体にも存在します。摂取カロリーが制限されると、細胞内のＮＡＤ濃度が高くなる。つまり、人間もカロリーを制限することでＮＡＤが増えて、サーチュイン遺伝子のスイッチが入って機能しはじめるはずなのです。

では、カロリー制限は本当に人間でも有効なのでしょうか？

†サルの実験では可能性が高そうだが……

２００９年に、ＷＮＰＲＣ（Wisconsin National Primate Research Center）の研究グループが、アカゲザルを用いた実験を行いました。76匹のサルを2群（通常の食餌を与えた群と、70％に減らした群）に分け、長期間にわたって飼育しました。すると、常食を与え続けた群ではカロリー制限を行った群に比べて疾病のリスクが約２・９倍上昇し、死亡のリスクが約3倍上昇しました。

２０１４年に、同グループがその後のデータを加えて解析していますが、そこでもカロリー制限によって老化に起因する死亡率が低下するとともに、全体としての生存率が上昇したという研究結果が報告されています。

一方、２０１２年にはＮＩＡ（National Institute on Aging）の研究グループが、１２０匹のアカゲザルを用いた研究結果を報告しました。そこでは、カロリー制限を行っても生存率の差は認められないという結果でした。

このように両者の実験結果が異なった大きな原因は、アカゲザルに与えた餌の内容とその与え方の違いにあるとされています。

まだ研究の途上ではありますが、サルを用いた研究では、食餌制限によって長生きできる可能性は大いにありそうです。しかし、まだ人間では確実なデータがありません。

それに、カロリー制限といっても7割に減らす必要があるというのは、現実的ではありません。今できることは、体重を増やさないようにするレベルでの、栄養バランスのよい食事を摂ることでしょう。

また、食事制限以外で長生き遺伝子のスイッチを入れる方法も探されています。たとえば、赤ワインに含まれるポリフェノールの一種であるレスベラトロールに、その作用があることがわかってきました。しかし、その濃度をかなり高くしないと効果がなく、まだ実際に人に使うことは難しい段階です。

将来的には、何らかの薬品が、長生き遺伝子のスイッチを入れるために使われるようになるのかもしれません。

そうなったとしても、動脈硬化や糖尿病が進行していれば、長生き遺伝子のスイッチが入っても長生きはできません。生活習慣病の予防が基本にあってこそ、長生き遺伝子の効果が発揮できるのです。

†長生き遺伝子を活性化する方法

食事以外の方法で、長生き遺伝子が活性化する方法を紹介していきましょう。

①毎日の運動で長生き遺伝子にスイッチを入れる

長生き遺伝子のスイッチをオンにするためには、運動がとても重要であることがわかってきました。運動によって筋肉を収縮させることが、長生き遺伝子を活性化するとされます。激しい運動をする必要はなく、早歩きのウォーキングくらいで十分です。

日常生活の中で歩く習慣をつけ、歩く距離を延ばしていきましょう。

②ストレスを減らすことが重要

染色体の構造のなかに、テロメアというところがあります。染色体の末端で、キャップのようにＤＮＡを守る役目をしている部分です。このテロメアは長寿に関係しており、歳とともに短くなっていきます。テロメアが長いほど若々しく見え、これは同時に、身体の中の血管も若いということです。

このテロメアを短くしてしまう要因に、肥満や喫煙の影響があることが、２００５年の『Lancet』に論文として発表されています。つまり、身体へのストレスとなるような生活習慣を抑えることが、長生きにつながっていくのです。

また、いままではテロメアの再生は不可能だと思われていましたが、最近の研究では、サーチュイン遺伝子にテロメアがすり減るのを抑える働きがあることがわかってきています。

†長生き遺伝子だけでは説明できない長寿

ここまで長生き遺伝子について説明してきましたが、長寿研究によれば、こういった遺伝子が長寿に関係していない可能性もあります。バイオテック企業 Calico が４億人分の家系図を調べたところ、遺伝子と長寿の関連性はこれまで考えられていたよりもずっと低く、おそらく７％にも満たないと指摘されています。

日本には現在、１００歳を超える方が６万人以上います。昭和38（１９６３）年の百寿者は全国で１５３人でしたが、平成27年では６万１５６８人となり、この数は年々増加傾向にあります。百寿者全体のうち、およそ87％は女性です。

100歳になると個人差が非常に激しくなってきますので、なかなか共通の長生き因子が見つかりません。

それでも、ある程度共通していることの一つは、幸福感が高く、自分の人生を肯定的にとらえる（ポジティブシンキングをしている）人が多いということです。

幸せ感が高ければ、長生きを悪いとは考えません。だから長生きできるのです。長生きのために幸福な環境を作るというよりも、いまの環境に幸福感を得られることのほうが、ストレスも少なく長寿につながっていくと言えるでしょう。

†長寿者の生活

長生きには適度な運動が必要だと述べましたが、少しずつでも体を動かしている、常に動いているということ自体が、前向きな性格の結果でもあるかもしれません。

食事を見ると、魚の摂取が多く、豆腐や納豆、味噌などの大豆製品の摂取も多いのが特徴です。これらは動脈硬化の進行を防ぐ食品です。食物繊維の摂取量も多いようです。

また、お茶には抗酸化物質が多く含まれますから、お茶を飲む習慣が、動脈硬化やがんの予防に役立っている可能性もあります。

和食は洋食に比べてカロリーも非常に低いですから、これが長生きに関係している可能性があります。しかし、肉や甘味など自分の好きなものを食べて長生きしている人もいます。無理して節食するよりも、ストレスを溜めないような食生活のほうが重要だということでしょう。

つまり今の時点で言えることは、遺伝的な要因で長生きが決まるのではなく、個人の様々な選択が結果的に長寿に関わってくるということです。喫煙しない、危険なことをしない、からだにいいものを摂っているなど、日々の正しい選択が結果として、長寿のからだと環境を作っていくということでしょう。

第3章 老後の生き方は思い込みだらけ

†さて何をすればいい

定年になったらのんびり田舎暮らしをしよう、趣味のギターをもう一度ちゃんと練習してみよう、などと考えている人は多いでしょう。現役で働いているときには、定年という区切りは人生を大きく変えると信じているはずです。

しかし、会社へ行かなくなった朝、あまりの状況の変化に多くの人が愕然とするようです。

正直なところ、朝起きて何もしなくてもいいということは、楽しいことではありません。このことに気がつくには、それほど時間はいりません。一週間もすれば「何かをしなければ」と思いますが、そう簡単に「何か」は見つからないものですし、60歳を過ぎてからあらたに趣味を探すのは非常に難しいでしょう。

歳をとったらあまり動けなくなるのだから、趣味なんてなくても大丈夫、と思われるかもしれません。実際には、70歳以降の通院率は70％前後で、3割近くが医者知らずです。歳をとっても健康な人、あるいは多少の病気があっても薬を飲んでいれば落ち着いている人というのは、案外多いものです。

今の老年医学は、やたらに「フレイル対策」を訴えています。

フレイルとは加齢に伴う筋力、運動能力の低下のことで、これが認知症の発症に関係してくるからです。しかし、健康でアクティブな人にとってみれば、あまりにお節介な介入でもあります。それよりも「積極的に楽しく生きる方法」が欲しいし、その手段を教えてもらいたいというところでしょう。

介護保険制度が充実してきて、以前に比べれば格段に、介護が必要なときに手が差し出されるようになっています。

しかし、これはあくまで病気のある人、あるいは介護が必要な人に対する施策です。老後をどう生きるか悩む人にとっては、なんの解決にもなりません。

人生後半に花開いた偉人たち

カーネル・サンダース（ハーランド・デヴィッド・サンダース）がケンタッキー・フライドチキンのフランチャイズ事業を始めたのは、60歳を過ぎてからです。年金生活ではやっていけないことがわかり、奥さんのアドバイスをヒントに、それまでサンダースカフェで作っていたフライドチキンのレシピを持って全米に営業に出かけ、10年かけてフライドチキンのレシピを浸透させてしまいました。

伊能忠敬《いのうただたか》は、50歳を過ぎて隠居してから天文学を学び、日本地図を作り始めました。これも、今であれば定年後の活動といえそうです。

このように定年後、人生の後半に成功した人たちも、人生100年時代になった現代に生きていたら、さらに別のことを始めていたのでしょうか。

今の時代においては、「人生の後半／定年後に何をなすか」という視点ではまだ短すぎます。さらに延長して、「晩年までいきいきと目的を持って生きられるか」という視点で考えなければならない時代になってきました。

これは、サンダースも伊能忠敬も、私たちの先輩の誰も経験していない、未知の時間です。「定年後をどう生きるか」以上に難しい問題だと言えます。

人生100年時代を、私たちはどう生きていけばいいのでしょうか。

健康であることはもちろん必要です。その方法は、第2章で述べてきました。

本章では、人生の最終章までの目的をどうやって作っていけばいいのかについて、考えてみたいと思います。

晩年まで仕事と趣味に生きた父

私の父は80歳を過ぎても現役の開業医を続けていましたが、一方で100号（風景画であれば、162cm×112cm）のキャンバスに向かい、趣味の油絵も描き続けていました。

私自身が60代後半を迎えた今になれば、80歳を過ぎてから100号のキャンバスに向かって絵を描くということが、いかに大変なことかわかります。

まっさらなキャンバスに新しい発想で絵を描いていくことは、精神的な強さもなければできないことです。趣味だから気軽にできるだろうというようなことではありません。

多くのアーティストの活動を見ても、若い時と同じペースでライブを行ったり新曲を作ったりすることは難しいようです。

画家であっても、やはり制作点数は減っていくものです。105歳で亡くなった画家の小倉遊亀《おぐらゆき》さんのように最後まで絵を描き続けた画家もいますが、多くの場合、元気であれば描き続けられるものの、若い時ほど多作というわけにはいきません。体力と気力の維持が難しいのです。

とはいえ、アーティストはそれ自体に定年がないので、常に新しいものを追い続けられる環境にはあります。定年を迎えてやることがなくなってしまう会社勤めの人生とは比較にならないかもしれません。

たとえばピカソは最後まで創作活動をしていました。もちろん、悩むレベルが違うところでしょうが……。

†60歳になって私が考えたこと

私自身の人生を振り返ってみると、20年ごとに大きな転換期があったように思います。

まず、医者になって研究と医学教育をしていた20年間。次に、45歳で作家業を中心に活動するようになった20年間。そして数年前に60歳を迎えた頃、出版業がかつてない不況となって昔のように自由に本が出せなくなったこともあり、さすがに私も本を書くという意欲がなくなり始めていました。

医者としては、60歳になる前に開業医をしていた父から診療所を引き継ぎました。

父は、私が作家業でベストセラーを出し、メディアにいろいろ出ていても、「必ず落ちる時がくる。作家だけでは喰っていけなくなる」とよく言っていました。父が病気になり、かなり診療がつらくなっても仕事を続けていたのは、いつかは私に開業医の仕事を引き継がなければならない時がくると、わかっていたからなのでしょう。父がなんとか診療を続けていてくれたおかげで、私が引き継いだ後、減っていた来院患者の数は数年して倍以上になっています。

開業医のいいところは、歳とともに患者さんもだんだん減ってきて、自分の体力に合わせて仕事ができることです。父の姿を見ていても、自営業で定年のない人生こそ、最後まで生きがいを持って生きていけるように思います。

逆に言えば、芸術や医療の世界と違って特別な技術を持たない一般的な人が、どのように最後まで人生を楽しむ気持ちを持って生き抜いていくかということが、非常に難しいということでしょう。

†「肩書きのない自分」で生きていく

どんな職業であれ、常に生きがいを持てて、新しい刺激があるというわけにはいきません。どこかで人生のピークを感じるものでしょう。

医療に定年はないとはいえ、病院を辞したあとに、肩書きのない自分とどう折り合っていくかに悩んでいる医師は多くいます。

例えば40歳代で医学部教授になったとして、それからの20年近くが医師としてのピークだと思います。少し前の時代であれば、こういう場合、定年後は有名病院の院長のポストがありました。ですが今は、医学部教授であっても開業するか、小さな病院の院長に甘んじざるをえない時代です。

結局、教授を退職して開業医になる医師も多いのですが、そこでは医局で権力を持って仕事をしていた時との違いを感じてしまうようです。やはり、喪失感のようなものがあるのでしょう。

人生はどこかにピークがあり、どこかの時点から精神的、肉体的、経済的にも落ちていくものです。

人生100年時代においては、そんな状況が30年以上も続きます。

医学部教授という立場があった人でも、いままで生きてきたやり方で、つまり権力や利権を用いて豊かに生きていくことは難しく、むしろ肩書きのない自分をどう表現して、どう社会に同化させていくかについて悩むことになるのです。

現役時代がいかにすばらしいものであったとしても、組織の肩書きが消えてしまったときに、それまでは見えなかったものが見えてきます。その時になって自分の人生の方向転換を考えても、遅いというわけです。

現役のときにそんなに華やかな生活をせず、地道に生きてきた人のほうが変化を感じずに済むのかもしれませんが、それでも目的がなくなるのは同じです。人生の最終章までの30年間を楽しく充実して生きていくのは、かなり難しいと考えるべきでしょう。

外来に通う患者さんたちを診ていると、70歳代はまだまだ元気で意欲も持っている人がたくさんいます。

80歳でも健康であれば、まだ前に向かっていく元気があります。しかし、充実している人生を送っているかどうかはわかりません。医者が診ているのは、患者さんの一瞬の姿であって、その人の人生を診ているのではないからです。

しかし、深くお話を聞いていくと、80歳を超えてくると、経済的にも、家族にも、健康にも恵まれて、楽しくいきいきと暮らしているという人はまれになってくるようです。

家族内のトラブル、配偶者の死など、乗り越えなければならないことも増えてくるからです。

人生100年時代の老後は、これまで考えられていた「定年後」とはまったく違うものです。私自身、60歳を過ぎてから、老後の生活を充実させるために試行錯誤をしてきました。ここからは、多くの人が抱いている「老後の生き方」の思い込みについて、私の体験も元にしながら、一つずつ検討していきます。

1 地域デビューの幻想

「リタイアしてからは人とつながりを持つことが重要です。それも地域に根付いていないと駄目ですよ」という提言をよく聞きます。メディアでも、歳を取ってからは地域社会のなかで生きていこうとか、必要なのは人とのネットワークだとよく言っています。

それはもちろん、周囲の人が健康状態などに気がついてくれれば、それに越したことはありません。

また、人とのつながりを持つことが認知症の予防にもなると考えられています。前章で述べた通り、ストレスは認知症の原因になります。自分の悩みや心配ごとを気楽に話せる相手がいれば、ストレスを回避できます。

地域の活動に参加することが生きがいにもつながり、孤立しやすい老後をなんとか周囲で支えていければ、それはもちろん素晴らしいことです。

ですが、今老後を迎えようとしている男性の場合、現役時代は地域の人と接触することは少なかったはずです。人間関係のネットワークは、会社の仲間、同級生、趣味の仲間などが中心になっているでしょう。その状態で、あらたに地域に参加して人間関係を築くことは、むしろストレスの原因になってしまう場合が多いのです。

テストステロンは男性の二次性徴を発現させる男性ホルモンですが、相手を打ち負かし、独占し、一人でいることに快感を覚えさせるような脳内物質でもあります。

男性は平均的に、このテストステロンを女性の10～20倍分泌しています。一人で工作に夢中になったり、音楽に聴き入ったりといった趣味を持つのが男性に多いのも、このテストステロンの影響です。どちらかというと男性は、常にだれかとつながっていたいとは思わない傾向にあるのです。

そんな特性のある男性にとって、新しい人間関係を築くのは実に難しいことです。若いうちであれば嫌なことに挑戦することも必要ですが、人生の後半になってまったく苦手なことに挑戦するのは、ストレス以外の何でもありません。

定年を迎えてから人生後半の生き方を書いた本を読み、真に受けて地域デビューをしたところで、結局「自分には無理だ」と言って参加しなくなってしまうのが関の山です。それができるのは、普段から地域参加型の生き方をしている人なのです。

私は地方自治体が主催する講演会への出演を頼まれることが多いのですが、やはりそこに参加しているのは女性が多く、常に男性をいかに参加させるかが問題になります。人とつながりたいと思わない男性には、ただ参加を求めても難しいでしょう。

そもそも、地域デビューできないからといって、その人は新しいことに挑戦する意欲がないと判断することは間違いです。重要なことは楽しいと思えることであり、継続できることでなければ、人生後半の生き方としてはふさわしくないのです。

2　ボランティアという建前

定年後の地域デビューとはすなわち、地域のボランティア活動への参加を意味している場合が多いのではないでしょうか。

報酬のない労働で生きがいを見つけるというのは、社会に役立つという満足感を得るにはいいのかもしれません。しかし、それまでは会社員であり、自分の労働が賃金として評価されてきた人であれば、無料の奉仕にはどうしても抵抗があるでしょう。自分の能力を使って何かすることへの評価を、どうしても求めてしまうからです。

ボランティア活動に向いているのは、経済的にかなり余裕がある人、人に尽くすことが喜びになる人なのかもしれません。普通の人にとってみれば、定年後、即座に地域のボランティア活動に参加するということは、かなり敷居が高いと考えたほうがいいのではないでしょうか。

こんなこともありました。

私が以前、介護施設の施設長をやっていたときに、ボランティアで楽器の演奏をしてくれる人がいました。

しかし独学で学んだ楽器演奏は、素人が聴いても下手なものでした。入所者が喜んでくれると思ったのですが、ほとんどの人は部屋に戻ってしまったのです。

人を音楽で感動させることは、そう簡単にできるものではありません。認知機能が衰えていても、音楽のいい悪いは聞き分けられます。やはり、素人の演奏では満足できなかったのでしょう。「無料でやってくれるのだから」と、演奏の程度まで考えずにお願いしてしまったことが間違いでした。

このことは、場合によってはボランティア活動が自己満足で終わってしまうことを示しています。

自分の人生をかけて学んだ技術を無料で提供するのが、本当のボランティアではないでしょうか。大工であれば、施設の修理を無料でやるというようなことです。

自己満足のボランティアでは、相手の役に立たないどころか、迷惑になっていることに本人は気がつかないということになりかねません。とくにお年寄りが相手の場合、お年寄りのほうが気を遣うので、本当のところは見えなくなってしまう危険があります。

✝ロボットのダンスを見て本当に楽しいのか

先日もテレビのニュースで、介護施設でお年寄りにロボットの踊りを見せて楽しませるというイベントを紹介していました。「お年寄りの笑顔が素敵です」というコメントがありましたが、これは本当でしょうか。

お年寄りの側に立ってみれば、わざわざボランティアで来てくれた人たちの行為を無下にするわけにいかないので、感謝の表情をするはずです。それが楽しんでいるように見えるということはないでしょうか。

ロボットのダンスを見るということが、本当にお年寄りが望んでいることなのか。ボランティアで来た側の満足のためにやっているにすぎないのか。これをしっかりと見極める必要があります。ボランティアが正義のようになってしまうのは大きな間違いです。本人が熱心にやっていればいるほど、それが見えなくなる危険があります。

介護施設の入所者全員に「今何をしたいですか」という質問をしたことがあります。入所者全員の共通の答えはただ一つ「家に帰りたい」でした。

外から来た人には「ここの食事はおいしいです」と笑顔で答えながら、実は「せっかく作ってくれているから文句を言ってはいけない」というのが本音であったりするのです。

そんな環境の中では、ボランティア活動をする側もされる側も、なかなか本音でぶつかり合うことができません。

自分の活動を客観的に見ることができなければ、地域活動としてのボランティアが生きがいにも人の助けにもならない危険性が高いのです。

それを考えても、労働奉仕でない限りは、自分の長年培った技術を無料で奉仕することのほうが、周囲には歓迎されるでしょう。介護施設で楽器を演奏したいなら、学生時代にかなり本格的にやっていた、成人してからも趣味で続けていたなど、演奏を聞かせることが喜ばれる技術を自分が持っているのかどうか、自分を省みてみましょう。

リタイアしてからのボランティア活動は、それなりの技術を持っていないと難しいと考えたほうがよさそうです。

3　もう一度大学に入りたい

少子化問題もあって、大学での学び直しには各大学が本格的に取り組み始めています。リタイア後の学び直しには様々なかたちがあり、たとえば東京都港区では「区民大学」と称して、同区周辺の大学がいろいろな講座を設けています。インターネットを使った大学講座もあります。

しかし、こういった教養講座よりも本格的に学びたい、本気で大学にもう一度入り直して学びたいという人も多いでしょう。

私もある時、医学以外のまったく違う分野、とくに芸術の分野を学んでみたいと思いました。ですが、まだ臨床医をやっていますから、講義を聴きに大学に通うわけにもいきません。

そこで、インターネットで講義を聴いてレポートを提出すれば卒業資格が取れるという、某芸術大学に入学してみました。大卒であれば3年生に編入で、2年間で芸大卒ということになるカリキュラムです。

授業の形式は、iPadを使って講義を聴いて、単元ごとにレポートを提出するというものでした。最初のレポートを提出したのですが、評価は不合格となって驚きました。

それもレポートの内容で不合格なのではなく、レポート提出のためにはもうひとつ、日程に制限のあるコンテンツを見ていないと駄目だというのです。その説明がわかりにくい上、大学側からのきちんとしたメールもありませんでした。

もっと問題なのは、提出したレポートが、なんの評価も受けずにそのままになってしまったことです。大学からの積極的なコミュニケーションもなければ、レポートへの評価もなにもありませんでした。

それがきっかけで授業を見なくなったのは私の責任でしょうが、その後、「授業のコンテンツを見ていない」とか「レポート提出がない」などの指摘も、大学側からはまったくきていません。そのまま、1年が過ぎて除籍となってしまいました。

これは、私にしてみれば一種の実験でした。インターネットで学ぶ大学というものがどういうものなのかを体験してみたかったのです。

たしかに、授業の中身は非常に興味深いものでした。しかし、そこに大きく欠けていたのは、コミュニケーションでした。これがネットラーニングの最大の欠点なのだと思いますが、視聴する側への働きかけがあまりにもありませんでした。コンテンツを見ない、レポート提出がないということであれば、何らかの連絡があってしかるべきですが、まったくフォローはされなかったのです。入学させたあとは学生次第というのは、あまりに温かみのない対応ではないかと思いました。

ただ、後から他のネットラーニングを専門にやっている会社に聞いてみると、私のような場合であれば、必ず連絡をとって、継続して勉強するように話をするそうです。

ですから私が入学したネット大学が特殊だったのかもしれませんが、60歳からの大学も、そう簡単には生きがいや満足感を得られるわけではないことは確かでしょう。

医学部に通っていた頃を思い出してみると、大学3年になったとき、教養課程から専門課程に授業が変わり、学生たちの態度が全く変わったことがありました。みな医者になろうとしているわけですから、講義を休む学生はほとんどおらず、異様な熱気に包まれていたような気がします。

しかし、「教養を得たい」という非常に曖昧な感覚で大学に入学すると、別にいつ辞めてもいいと思ってしまうのでしょう。真面目に通っていることへの評価もないし、目的もそれほどはっきりしないということであれば、結局続かないということです。

私自身の経験からも、60歳を過ぎてから学ぶことへの情熱を持つことの難しさを痛感しています。

4 田舎暮らしの幻想

リタイアしたら田舎暮らしというのは、老後の計画の定番です。田舎暮らしの楽しさを紹介する書籍やテレビ番組もたくさんあります。今は都会で働いていて、定年後には田舎で農業でも……と考えている人もいるのではないでしょうか。

しかし現実には、多くの人が失敗しています。

田舎暮らしに失敗した人たちの話を聞くと、コンビニがない、あっても車でないと行けない、異常に虫が多い、草がたくさん生える、移動手段がない、近所のしがらみが面倒、いろいろな行事に参加しないといけない、病院が遠い、などの声が上がります。

つまり、田舎暮らしについて大きな勘違いをしているのです。自然の中でのんびりなどという生活は存在しないことに、都会の人間は気がつけないわけです。

「綺麗な風景のところは自然が厳しい」という言葉もあります。観光で半日訪れる楽しさと、そこに住むことはまったく違う話なのです。実際に住んでみないと、都会と同じ環境で、さらに自然が豊かというわけにはいかないことに気づけないのでしょう。

テレビで、イタリアの田舎の村の生活を紹介する番組を観ました。こういうものに憧れて田舎暮らしを夢見る人も多いのかもしれませんが、実はその番組で扱っていたのは、そこで生まれ育った人たちの話でした。彼らは自然の厳しさを知り、そこで生き抜く知恵も持っているからこそ、田舎の村に住めるのです。

都会生活の便利さに慣れてしまった人が、突然の環境変化に対応していくことは難しいものです。その地域の人たちに溶け込むのは、もっと難しいでしょう。

本当に田舎で暮らしたいなら、会社に勤務しているときから準備をしていかねばなりません。地域で採れる食べ物をどう活かしていくか。自然とどう向き合うか。理解すべきことはたくさんあります。「定年が近いからのんびり田舎で暮らそう」と思うだけでは難しいのです。

定年すれば、どこに住んでものんびりできる

私もかなり昔、富士山の麓に別荘を持っていました。別荘と言っても山小屋より少し大きい程度のものです。当時は40歳代でしたから、毎週末別荘に出かけていき、庭の草取りや家の掃除などをしてもまったく苦になりませんでした。

しかし、冬は寒すぎて使えません。一時だけ自然の中の生活を体験するにはよかったのですが、次第に行くのが面倒になって売却してしまいました。

これがある種の田舎暮らしの練習のようなものになり、私は田舎暮らしにあこがれを持つこともありませんでした。

正直なところ、別荘暮らしにしても田舎暮らしにしても、できるかどうかは健康状態にかかっています。医療が必要となれば、病院がなかったり、遠かったりする地域に住むのは難しくなります。

極端な田舎生活は短期間なら面白いかもしれませんが、永住にはかなりのリスクがあることを忘れてはいけません。

いま私は、月曜から木曜までは東京のあきる野市にあるクリニックで診療をして、週末は23区内の事務所で出版社との打ち合わせや、テレビ番組のコメント撮影をしています。あきる野市は東京とはいえ西の外れで、ビルなどもなく、駅から5分も歩けば畑が広がる地域です。私の家の周辺には幸いコンビニもレストランも数軒あるので田舎とは言えませんが、都会の事務所での生活と比較すればかなり不便です。家内も仕事をしていて、海外取材も多いので普段は一人暮らしになります。だから、あきる野にいるときは料理も自然にやるようになり、別にそれが苦にもなりません。

かといって、ずっとあきる野にいると刺激があまりに少ないのも事実です。週末になると都内のレストランや新しいショッピングモールなどに行くことで、都会生活と田舎生活のバランスを保っています。

私たちはいつもどこかで、「のんびりと生きたい」「時間に追われずに生活したい」と思っています。でも、これは仕事があって忙しくしている時だからこそ思うのであって、リタイアして毎日が休日となれば、なにも田舎生活などしなくとも、時間に追われることはありません。どこに住んでも、十分のんびりした生活になるはずです。

5　畑仕事に向かない人もいる

あきる野市には市民農園があり、多くの人が毎日のように畑仕事をしています。

私もせっかくあきる野にいるのだから畑をやってみたいと思っていたら、運よく畑を貸してくれる方が現れました。そこで、クリニックのスタッフと一緒に、いろいろな野菜を作り始めたのです。

もちろんまったくの素人ですが、指導してくれる方もいて、月に3日間くらいですが畑仕事のまねごとはできています。

市民農園をやっている人の畑を見ると、この人たちは毎日のように畑に出かけているので、雑草はまったく生えていません。

ところが私の畑は手抜きですから、夏にはあっというまに雑草だらけになって、その対応が大変でした。「畑仕事は面白そうだ」というだけでやってみると、とんでもなく大変で綿密な作業であることがわかります。自分でやってみて、かなりの根気と熱意がなければ、とてもおいしい野菜などできるものではないと実感しました。

私が借りている畑は100坪という広さで、これは耕耘機《こううんき》でも耕すのが大変なレベルです。この畑の大きさから、自分の労力や働く時間で換算していくと、食べ物を作ることの大変さがわかってきます。

このような苦労がわかっただけでもいい勉強になったとは言えますが、「畑仕事は面白そうだ」などという甘い考え方では到底続かないだろうと思います。

結論としては、私には、とても診療しながら畑仕事に打ち込む気力と体力がありません。完全にリタイアして農業だけに打ち込めば別かもしれませんが、それでも楽しみや生きがいと言えるような取り組みにできるかどうか。

私たちの勝手な思い込み、イメージだけの情報でリタイア後の趣味や生きがいを見つけようとするのは難しいようです。

6　クルーズ船による夢の世界一周

「いつかはクルーズで世界一周をしたいですね」というのは、リタイア後にやりたいこととしてよく聞く台詞です。

いまでこそ通販番組でも紹介されるようになりましたが、世界一周クルーズというのは、少し前まではまったく別世界の出来事のように思われていました。毎日フォーマルウエアを着てフルコース料理を食べてダンスをするというような、いわゆる「豪華客船」のイメージです。

そんな時期に、私は取材を兼ねて、クルーズ船でいろいろな国へ行く機会がありました。その経験を通して、クルーズの世界をそれなりに知ることができたと思います。

はじめてクルーズ船に乗ったのは20年前。医学ミステリーを書くために、クルーズ船に40日間乗って、横浜からイギリスのサザンプトンまで行きました。

それ以来、いろいろな船に乗りましたが、やはり実際に乗る前に思っていた世界とは違っていました。

クルーズ船は、なにもずっと海の上を走っているわけではありません。夜に航海して、朝になるとある国に入港し、乗客は下船して昼間はその町を歩きます。夜になると船に戻って食事をして、また別の国へ向かうということを繰り返します。

ですから、「ずっと海の上にいる」というわけではなく、毎日違う国に入国する、むしろ忙しい日々を送ることになります。その点では、船に乗ってのんびり世界一周というのは大きな幻想です。

海の上では退屈もする

しかし、たまに航海日が続くこともあります。

世界一周のクルーズでは、インド洋を横断するときに5日間の航海日（at sea）があります。まったく海しか見えない5日間は、実際に経験してみると実に退屈でした。

世界一周のように長い期間船に乗っていれば、その頃にはもう船内での冒険も終えているので、時間をどうつぶすのかという悩みが出てきます。

もちろん、世界中の町を、荷物を持たずに旅行できるというのは大きなメリットですし、毎日が新しい体験になりますから、一度は世界一周をしてみるのはいいことだと思います。

ただ、世界を一周することで達成感を得られるとしても、普通の人は途中の船内生活には飽きてしまうでしょう。少なくとも、ずっと夢のような世界ではないことは確かです。

もちろん、お金もかかります。そのお金を使うなら、むしろ1週間くらいのショートクルーズに時々出かけるほうが、たぶん楽しいと思います。

そもそも、クルーズ船に乗るといえば世界一周のイメージですが、実際にはショートクルーズといって、日本から外国の港まで飛行機でいき、そこから一週間から10日間くらいのクルーズを行うほうが主流なのです。

†世界一周は一種の修行

世界一周は決して夢の世界でもないし、おすすめのクルーズでもありません。

これは、ある種の修行と言ってもいいかもしれません。忙しさと退屈を繰り返す長い旅に耐え抜くという修行です。

さらに、それまであまり会話もなかった夫婦が、世界一周のあいだ狭い船室でずっと一緒に生活するというのも修行のようなものです。世界一周の旅のトラブルの一つが、船内での夫婦喧嘩だと言います。

一軒家なら離れていられますが、船内ではどうしても同じ空間で一緒に過ごすことになりますから、ストレスに感じることも当然あるでしょう。

世界一周クルーズは、誰と行くかも大きな問題なのです。

7 ピアノを習う

人生の後半を目的を持って生きることは、非常に重要です。

そんなことは誰でもわかっていることで、問題はその目的をどう見つけるかでしょう。

10代ならいい大学に入って、20代ならいい会社に就職して、30代なら会社で出世してと、ある意味わかりやすい目標設定ができます。

ところが50代を過ぎてくると、自分の限界が見えてきます。自分の能力や体力の限界を知ってしまうと、人生の目標などという大げさなものを立てることは面倒になってしまうものです。

もちろん、60歳を過ぎてから大きなことを成し遂げる人も例外的にいますが、多くの人は目的すら見いだすことができないまま、日々を過ごしています。

目的を持って生きるために、習い事をするというのは大いに意味があるでしょう。

重要なのは、それが継続できる活動であることです。なにか一つのことを達成して終わりではない、目標を立て続けられる習い事がいいでしょう。

たとえば絵を描くことであれば、「次はこんな絵を描こう」と自分の描きたい絵を描き続けることで、常に目標を動かしていくことが可能です。ピカソは時代ごとに作風を変化させ、高齢になっても常に新しいことに挑戦を続けました。

私も60歳になった時に、今までまったくやっていなかったことをやってみようと思いました。

学生のころ、ピアノを弾ける男性の友人がいてうらやましく思ったのを思いだし、ピアノを弾けるようになろうと考えたのです。

高校生のときにギターを多少やっていたくらいで、ほとんど楽譜も読めない私が、ピアノを弾けるようになるものだろうか。そこに興味がありました。

†iPadのアプリでピアノを練習

問題は、私は人から何かを習うことが嫌いだということです。なんとか自分で練習してピアノを弾けるようになりたいと思いました。

ところが、いろいろなピアノ教本を見ても、とても弾く気力が湧いてきません。

そんなある日、iPadを見ていたら、simply pianoというアプリがあるのを見つけました。このアプリの優れているところは、実際に弾いたピアノの音や和音をiPadのマイクで拾い、正しく弾けているかどうかを判定してくれるところです。ある曲を弾いて間違った音を出すと、ゆっくりした練習モードになります。それを繰り返して、正しいテンポでできるまで練習していくのです。

最初は一つの音からできた簡単な曲から始め、その曲をクリアすると、少し難しい曲の練習に移っていきます。それもクラシックとは限らず、今はやりの曲を弾いていくのです。脳科学の観点から言うと、このように少しずつ難しく変化していくことによって、自然に上達することができます。テレビゲームと同じように、最初は難しいと思えても、なんども繰り返すことで、次第に技術的に進歩していけるのです。非常によくできたアプリだと思います。

脳科学的に見てもっとも重要なことは、このアプリによって練習を継続できることです。何かを継続するには、面白くなければ駄目です。楽しいと感じられることは継続可能であり、継続することで脳を刺激して、新しい脳の回路ができあがっていくのです。

ピアノの練習がテレビゲームのような感覚でできることは驚きでしたし、楽譜もまったく読めなかったのに、このアプリのおかげで楽譜が読めるようになって、楽譜のとおりに弾けるようになってきました。

ピアノのいいところは、鍵盤を押せば、どんな素人であろうと名演奏家であろうと、同じ音が出ることです。もちろん質の違いはありますが、なにも名演奏家になるわけではないので、好きな曲が弾けるようになれば楽しい、それでいいのです。

指の使い方や基本的な弾き方はだれも指導はしてくれないし、60歳を過ぎてから普段使わない左手を動かすのは大変なことです。ですが、その大変なことこそが脳の刺激になって、脳の中に新しい回路を作っているというわけです。

†スタインウェイのグランドピアノがほしい

こうして最初は電子ピアノを弾いていましたが、鍵盤の動きや音に飽きてしまい、次第に本物のピアノが欲しくなってきました。

それも、どうせならスタインウェイのグランドピアノがいいと思うようになったのです。

これもある意味で、新しい目標設定だと言えます。ろくにピアノも弾けないのにスタインウェイのグランドピアノを買うというのはありえない話ですから、スタインウェイを目指してピアノを練習しようということです。

そうしていろいろスタインウェイの歴史などを調べていくと、スタインウェイのピアノは古くなっても値段が下がらず、むしろ1970年以前の古いスタインウェイのほうがいい音がすると書かれていて、なかなかマニアックで面白くなってきました。

最初は冗談のように考えていたスタインウェイ購入ですが、なんとか手に入れたくなってきたのです。

スタインウェイの中古市場が存在する以上リセールもできますから、いざとなれば売ってしまえばいいと思えば、決して無駄な買い物にはならないような気がします。車を買って中古で売ることを考えれば、音楽の演奏ができる分、むしろスタインウェイのほうが車より健全とも言えるのではないでしょうか。

などと考えていたところ、インターネットに「アメリカから輸入すれば安く買える」という情報があって、アメリカのサイトを探してみると、確かに安い中古スタインウェイがありました。

しかし、古いスタインウェイの場合、鍵盤に象牙が使われていて、輸入するには許可を得なければならないという問題があります。また、どんな状態かを見ないで購入するのは完全に賭であると言う人もいました。確かに、ピアノはその保存状態や手入れの仕方でまったくものが変わってしまいます。それでなくとも、弦や弦を止めるピンなどは普通、購入する際に全部新しいものにします。となればそれだけで数十万かかるわけで、個人輸入してからさらに調整のために100万円くらいかかってしまうことを覚悟しなければなりません。

さすがにその賭をする気にはなれず、ネットで国内のスタインウェイの中古を探してみると、これは結構な値段です。どうしようか迷っているときに、新宿のピアノ屋にふらっと入ってしまいました。

そこには、私が買おうと思っていたスタインウェイのピアノよりもう一回り大きなものが置いてあり、それは隣にあった小さいものと比べると、明らかに音が違いました。

1968年製――1970年以前――の、音のいいスタインウェイです。

グランドピアノを買う、それもスタインウェイを買うと決めたときからスタインウェイの歴史を調べてきたので、1968年のハンブルク製が貴重なものだということはわかりました。この時代の木材が、今では手に入らなくなっているからです。

色もウォールナットの茶色で、これなら私のログハウスにも合いそうです。ちなみに、ピアノが黒いのは音を響かせるために塗装しているからで、大きなホール用で大きい音が出るように、スタインウェイが改良を重ねた結果だそうです。

すっかり気に入り、そのスタインウェイのM170というグランドピアノを、その場で買ってしまいました。もちろんローンを組みました。ローンが組めるということは、そのピアノに資産価値があるということなのでしょうが……。

ピアノが運ばれてきてログハウスに設置されると、それを眺めているだけでも満足できます。妙な充実感があるのです。

ピアノの練習もスタインウェイになると、いやいや電子ピアノとはまったく違う世界です。音はさすがにいいですし、鍵盤も弾きやすくなりました。

iPadを使った練習はそのまま続けていますが、少なくとも始めの頃よりは進歩していると実感します。

脳の神経回路が新しく作られ、人とのつながりも広がる

ピアノの練習をしていると、私の場合は一日1時間弾くのが限界で、それ以上は集中力が続きません。

最近では、「天才は存在しない」といわれています。一流と普通の人の違いは、練習時間の違いだというのです。一日3時間の練習を10年間休みなく続ければ、誰でも一流のピアニストになれるといいます。しかし、一日3時間の練習自体が素人には無理ですから、その練習を続けられること自体が、天才の証なのかもしれません。

そんな天才でなくても継続して練習をしていると、以前は弾けなかった和音が弾けるようになり、楽譜も読めるようになってくるので、歳を取っても進歩するのだと実感できます。60歳を過ぎた今でも、脳の中の神経回路は新しく作られているのでしょう。

さらに、自分のピアノ技術の変化よりもっと面白い展開がありました。

Facebookにスタインウェイを買ったと書いたら、知り合いのピアニストや音大を出た人から「ぜひ弾きたい」と連絡があり、どうせならログハウスでミニコンサートをしようということになりました。最近では月に1回程度、20名くらいが集まり、コンサートを開いています。

自分の勝手な「ピアノを弾きたい」という気持ちから始まり、スタインウェイを買い、それで人のネットワークが広がったことが、最大の収穫のような気がしています。

自分が起こした行動から、意外な広がりが起きること。これこそが、時間をもてあますリタイア世代には必要なことではないでしょうか。

8　フェラーリに乗りたい

これはあまり一般的とは言えないかもしれませんが、もう一つ、私の「やってみたい」から始まった話をします。

私は、医者になった頃から車好きでした。というよりも、私の世代より上は、外車に対するあこがれがありました。40年近く前には外車の数も少なく、私立医学部に通っていたころには、学生が乗ってきて駐車場に止めてあったポルシェが週刊誌で話題になることもあったくらいです。

とはいえ、多くの学生の生活は実は地味なものでした。医学部の学生とはいえ半数以上は車など持っておらず、むろん私も車は持っていませんでした。

だからこそ、医者になって自分で稼げるようになったらすぐに車が欲しくなりました。研修医のころにBMW320の中古を買って、すぐに壊れた記憶があります。でも、自分がやりたいと思っていたことを実現できたのは満足でした。

それ以来、いろいろな車に乗り換えてきました。ほとんどが中古車でしたが、次第にいい車に乗り換えていくのは、自分のステージが上がっていく感覚でした。当時は、まだまだ欲望や意欲に満ちていた時代だったように思います。

しかし、60歳くらいになって、ふと高い車に乗ることがばかばかしくなりました。私が住んでいるあきる野市では大きな車は使いにくいし、都内の事務所にある機械式立体駐車場に入れるのも大変です。

次第に車への興味がなくなっていきました。しかし、欲望がなくなっていくと、次第に仕事への意欲もなくなっていくものです。人生１００年時代というものを考えたときに、こういったひとつひとつの欲望が衰えていくことで、人生の喜びも減っていくのではないか、と思いました。「車なんてもうどうでもいい」と考えるとき、すでに人生は下り坂なのだと思うようになったのです。

同時に、大げさかもしれませんが、ここでさらに車のレベルを上げることが、もっと前向きな気持ち、これからを生きていく気力につながっていくのではないかという思いを持つようになりました。

仕事への意欲低下に危機感を持った

何事もそうですが、なんのために仕事をするのか、それがはっきりしていないと、人生の後半に意欲的に仕事に取り組むことができません。そして、仕事に対して「まあ、そこそこでいいかな」と消極的な考えになると、仕事以外のいろいろなことへの興味も失っていくものです。

私はこれまで本をたくさん書いてきましたが、出版業界の低迷と、自分が書きたいものが好きなように出せないという状況で、出版への意欲は完全に減少しました。大学の医局をやめて、作家として社会に出ていったときの、書くことへのあの爆発的な意欲がすっかり衰えてしまったことは間違いありません。

作家業に転身したときには、新設の私立医大という劣等感や、医局での教授との対立、自分の研究が好きなようにできなくなったことなど、医局にいたときに持っていたネガティブなエネルギーが、本を書く爆発的なエネルギーとなっていました。

しかし、10年もすればさすがにそういった感情もなくなり、医学や医療を冷静な視点で見ることができるようになります。それと同時に、出版に対する欲望も減ってきました。

結局、何か行動を起こそうとするときには、エネルギーが必要なのです。

もちろん医師として働くのは、金銭的な欲望だけではなく、患者さんの役に立つとか、社会的貢献ということも考えますが、それだけではなかなか人生後半の仕事へのエネルギーになってきません。

†思い込みと抑制が実現を妨げていた

そんなことを考えていた時期に、ふと「自分はいままでいろいろな車に乗ってきたが、フェラーリに乗っていない」と思い至りました。

車好きにとっては、フェラーリは特別な存在です。というよりも、まったく別世界の存在で、自分にはフェラーリなど乗れないと思っていました。

しかし、それは、大きな思い込みが実現を妨げていただけでした。

「フェラーリは高い」「特定の人にしか売らない」という話を聞いたことがある人は少なくないと思います。港区芝にコーンズというフェラーリを扱っているディーラーがありますが、そこは予約をしないと店内にも入れてもらえない、身なりで判断されて店員に馬鹿にされる、そんなイメージがありました。

しかし、友人の紹介でコーンズに連絡すると、数日後には試乗車をあきる野市まで持ってきてくれました。

もちろん、私が医者だということを見越してきたのでしょうが、ディーラーも丁寧な、というか、まあ普通の車屋さんの対応でした。

3000万円近いフェラーリは、お金があれば誰だって購入可能です。多くの開業医は買えるでしょうが、実際にはほとんどの人が買いません。

フェラーリを購入するというのは金儲けをした証であり、それは医者としてよくない。世間から白い目で見られる。そんな意識が強いので、いくら医療で稼いでいても、目立ったところにはカネを使わないのが開業医です。

私は作家業もやっているので、いろいろな経験が物書きのネタになるということもあり、そこは気にしませんでした。むしろ、私のレベルの収入で（少なくとも現金でフェラーリを購入できる財力はない）買うことが可能であることを、経験としてやってみたいと思いました。

もちろん、フェラーリを買うことで何かが変わるのかどうかも、経験してみたいと思っていました。

†本気で調べれば道が見えてくる

とは言いながら、フェラーリを購入した最大の理由はまったく別なところにありました。フェラーリをリースで購入した場合、3年後の残存価格が70％なのです。ベンツやポルシェですら3年後の残存価格が50％ですから、これは驚異的な金額です。それだけフェラーリの中古市場は別の世界と言えるでしょう。というのも、フェラーリは生産台数を増やさないので、注文しても半年から1年待たなければいけないのです。それで、中古車でも新車と同じような価格で取引されています。

残存価格70％というと、3000万円の車なら3年後でも2100万円の価値があることになります。単純計算をすれば、3年間で900万円を支払えば、あの夢のフェラーリに乗れるということです。

車に3年間で900万円支払うというのも常識ではあり得ない金額ですが、それでも現金で3000万円の車を購入することに比べればまだ望みがありそうです。実際、フェラーリの購入者の50％以上はローンで買っているといいます。

芸能人が現金をバッグにつめて、「このフェラーリをください」と展示場にやってきたというような都市伝説がありますが、そういったイメージがつきまとうことで、フェラーリは別世界なのだということになっていたのです。

こういうことはいろいろ調べてわかってきたことで、何ごとも本気で調べ始めると意外な事実が判明するものです。そこが非常に面白いし、できないと思っていたことが突破できていく醍醐味《だいごみ》でもあります。できないと思っていた問題を解決していくことこそ、頭を使っているということで、満足度も高いし好奇心も満たされていくものです。

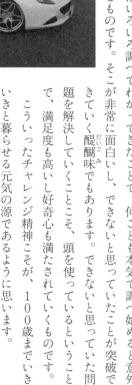

こういったチャレンジ精神こそが、100歳までいきいきと暮らせる元気の源であるように思います。

乗っていくところはないが……

納車されたフェラーリは、結論から言えば、それなりのオーラがあって、普通の車ではないことが実感できました。

しかし、乗っていくところがありません。都内の高級ホテルに乗り付ければいいのでしょうが、その用事がないのです。

ということで、多くのフェラーリのオーナーがやっているように、家の駐車場に飾っているだけになりました。窓ガラス越しにフェラーリを眺めているだけでも十分満足感を得ることはできますし、そういう達成感は十分に楽しんでいます。

それともうひとつ、フェラーリを買うと経験できることがあります。フェラーリのオーナーだけが、イタリアの北部の町、マラネロにある工場を見学できるのです。

私自身はフェラーリ信奉者でもなんでもありませんが、特別な状況でなければできないことをやろうという目標作りは重要です。それでマラネロまで、工場見学に行くことにしました。

フェラーリの工場はメディアも入りにくい自動車工場として有名のようですが、工場内は非常に綺麗で、工員が非常にプライドを持って働いている姿が印象的でした。

9　老後は新しいことにチャレンジ

リタイアしてから「生きがい探し」と言っても、そう簡単に見つかるわけではありません。

というか、見つかる可能性はほとんどないと言ってもいいでしょう。

『LIFE SHIFT（ライフ・シフト）』（東洋経済新報社、２０１６年）の著者リンダ・グラットンは、リタイア後に今までとは違う仕事あるいは能力を身につけるように言います。しかし、そうできない人のほうが圧倒的に多いでしょう。シフトチェンジできる人はいつでも自分の思うような生き方ができるのであって、それは年齢に関係ないというだけではないでしょうか。

現実的なのは、今のうちに定年がなく、ずっとできる仕事を身につけることです。

†定年がなく永続できる仕事の選択

定年で仕事をリタイアするのがいやなら、最初から定年のない仕事を選択するしかありません。

ところが、人生後半になってから定年のない仕事や資格を取るということは非常に難しいでしょう。こればかりは、人生設計の中で先に手を打っておくしかありません。

料理人はどうでしょうか。「料理の鉄人」として有名な坂井宏行さんは、77歳でまだまだ現役シェフとして活躍しています。有名シェフでなくとも、自分の小さな料理店を経営しているシェフはたくさんいます。

弁護士なども、むしろ高齢になったほうが、知識や経験が多く、いい仕事ができそうです。これも年齢を考えずに働ける職業だと言えるでしょう。

自営業で自分の工場を持っていたり、独自の技術を持っていたりする人も、年齢に関係なく働いている人が多いようです。独自の技術を持っていることは、高齢になればなるほど重要になってきます。

いずれにしても、定年になってから勉強してこれらの職業に就くことは難しいのが現実です。結局、人生半ばあたりから定年後の自分の仕事を考え、そこに向かって努力をしておかねばならないということでしょう。

第4章

100歳まで自由に生きるための10の方法

100歳まで健康に、しかも生きがいをもって生きるにはどうしたらいいのでしょうか。この章では、ここまでご紹介した事実を元にしながら、その具体的な方法を考えていきます。

1　薬は4種類以下にしろ

年齢を重ねるとともに、医師からもらう薬はどうしても増えていきます。高血圧症、糖尿病、脂質異常症、骨粗鬆症、慢性閉塞性肺疾患、脊柱管狭窄症《せきちゆうかんきようさくしよう》……など、一人の患者さんが多くの病気を抱えることになりますから、結果として一度に10錠もの薬を飲んでいる方も珍しくありません。

薬が増えてしまうことには、医療の側にも原因があります。患者さんが多い場合、診察時間を短くしたいと考えて、患者さんを納得させるために次々と薬を処方するようになります。患者さんの話をしっかり聞くことで、薬を使わなくても症状の改善が起こる場合もあるのですが、なかなかそこまでできない病院も多いのです。

†多剤投与の副作用はよくわかっていない

50歳代と80歳代、さらには90歳代への薬の処方が同じではおかしいはずですが、そのあたりはまだはっきりしたルールができていないのが実際のところです。

日本老年医学会によれば、高齢になると複数の持病を持つ人が増え、同時に処方される薬も多くなり、70歳以上の高齢者では6つ以上の薬を使っていることが多いそうです。

このような多剤投与をすると、飲み合わせによる副作用が増えてしまい、体調不良が病気の症状なのか、薬のせいなのかわからなくなってしまうという問題があります。

例えば降圧薬としてよく使われるカルシウム拮抗薬と呼ばれる薬では、飲むと下肢のむくみが出てくることがあります。

ところが、高齢者の場合、下肢のむくみというのは多く見られる症状で、なかなか原因がわかりません。心不全や腎不全で起きますが、血圧の薬の副作用で、実際にはとくに異常がないのに下肢がむくむこともあるのです。

そこに気がつかないと、むくみの対策として利尿薬が処方されてしまい、ますます薬が増えてしまいます。

そもそも、年齢が進むごとに、慢性疾患――高血圧、糖尿病、脂質異常症などの治療の意味合いが薄れてきます。つまり、歳をとることで慢性疾患にかかるリスクが上がってきて、それを薬で抑えることが難しくなってくるのです。

こういったことから、80歳を超えてきたら薬を見直し、飲む薬を減らしていく必要があります。ですが、実際の臨床の場では、患者さんが習慣的に飲んできた薬を減らすことをいやがったり、医師が年齢によって薬の投与を変えることへの抵抗感を持っていたりして、漫然と投薬が行われているのが現状です。

主治医とのコミュニケーションがカギ

せめて、内科、整形外科、泌尿器科などいくつかの診療科にかかっているときは、同じような薬を飲むことは避けたほうがいいでしょう。あまりに投薬数が多くなってくると、それをチェックすること自体が大変面倒になってしまい、薬の見直しをしなくなってしまう危険があるからです。

どの薬を優先して残していくのかについては、とくに示されたルールはありませんから、主治医との話し合いで決める必要があります。

この時、なんでも相談できる、コミュニケーションが取れる主治医を持っていることが重要になります。

「薬を減らしてくださいとは言いにくいです」という患者さんの声もよく聞きますが、患者側から声がなければ納得して薬を飲んでいると判断されて、大量の薬を飲み続けることになってしまいます。たくさん飲み続けるのはいいことではないと自覚して、主治医と率直に話をしてみましょう。

会社勤めをしている時には、会社に近い（家から遠い）病院に通っていた人も多いと思いますが、定年後もその病院へ通うことは、次第に大変になっていきます。

いざという時のためには、家の近くの開業医を主治医にするのがいいでしょう。ある年齢まできたら、遠くの大病院より、近くの開業医のほうがメリットは大きいものです。

習慣のようになっているたくさんの薬を飲むことをやめる、薬だけをもらいに遠くの病院へ行くのをやめるなど、定年後はできるだけ医療を簡素化しておくことが重要です。

†薬を減らし、潔い生き方を

薬を減らすということは、生き方の潔さにもつながります。

加齢によって発症する脊椎管狭窄症は、背骨の中にある神経の通り道が狭くなり、神経が圧迫を受ける病気です。歩行時に痛みやしびれが出るので、休み休みでないと長く歩けません。

この病気になると、根本的な治療方法は手術しかありません。しかし、高齢になればその手術は難しくなりますし、手術して完全に治る保証もありません。結局、多くの人は腰痛や脚のしびれを持って生きていくしかありません。

こんなとき、いつまでも「何とかこの症状を治したい」「いい医者はいないのだろうか」と医療の世界をさまようより、治らないものと諦めて共存することを選択したほうがいい場合も多いのです。

脊椎管狭窄症などの慢性疾患があったとしても、平均寿命を超えられたとしたら、ある意味でそれは治療の成果です。そこまでくれば、薬を減らす、ときには治療をやめてしまうという選択があってもいいのではないでしょうか。

医者は年齢に関係なく多くの薬を処方しますが、その人の生き方や健康への考え方まで考慮しているわけではありません。もちろん医学のガイドラインには、患者個人の医学や健康に関する考え方にどう対処するかは書かれていません。

薬を減らすことで副作用が減る可能性もあり、少なくとも一日3回きちんと薬を飲む面倒くささからは解放されます。

もちろん、薬をきっちり飲むことが救いになると信じているならばそれを貫けばいいのです。一方で、「もうここまで生きてこられたので、そんなに医者と関わりたくない」と思うならば、薬をできる限り減らしてしまうのも、生きる自由というものではないでしょうか。

2 同窓会には出るな

50歳を過ぎたころから同窓会に参加するようになり、60歳を過ぎるとその回数が増えてきました。

それだけ昔が懐かしくもあり、利害関係や仲違いがあった人間関係も、次第に許せるようになったということかもしれません。

昔懐かしい顔を見るのはいいことですし、昔を思い出すのも面白いものです。自分の記憶とはまったく違うことを友人が覚えていて、それを指摘されるたびに驚くことになります。

ところが、同窓会が数年ごとに行われるようになってくると、集まるメンバーはだいたい同じになって、話す内容も同じようなことになりがちです。

70歳近くになれば、現役で働く連中は少なくなり、何か新しい体験や情報を持っている人も減ってしまいます。せっかく時間を使って同窓会へ行っても、同じ話ばかりになっていくのです。

脳を刺激するという観点からは、どうも同窓会はよろしくないようです。

事実、私が大学病院時代の仲間と食事をすると、どうしても医療の世界の話になってしまいます。予防接種はどれくらいの価格でやっているか、いまインフルエンザは流行っているかなど、医者の仕事の話ばかりです。

何か別な情報が欲しいと思っても、開業医がほとんどであり、なかなか医療以外の情報を持っている人は少ないのです。同じ話、知っている話の繰り返しになってしまっています。

ある年齢まできたら、同窓会へ行かないという選択もすべきでしょう。

自分の興味の持てる趣味の仲間をつくるなど、新しい人間関係を作り出すことのほうが、先の長い人生においては重要です。同窓会の人間関係にばかり慣れてしまわないように努力して、別の人間関係が持てれば、まだまだ新しい世界は広がっていきます。

3　人を褒めろ

年齢とともに、どうも愚痴が増えてしまうものです。

若者の行動が気に入らない、共感できないなど、何かと若者に対して不満を持ち、批判的になっていないでしょうか。

現代では世代を超えてみんなが知っていることが減ってしまったので、新しいカルチャーを通じて若者と共感することが難しくなってきました。音楽であれ、映画であれ、本であれ、一世風靡《ふうび》をするものが出なくなったことで、世代間のギャップは大きくなる一方です。

新しい物を否定的に考えてしまうというのは、脳の働きの当然の結果でもあります。自己防御のため、危険を回避するためには必要なことです。「なんでも新しいものを取り入れていく」ということは、人間にとっては実は難しいことなのです。

さらに年齢を重ねてくれば、自分の価値観に合わないものに対して批判的になってしまうのは、いたしかたのないことなのかもしれません。

しかし、そこであえて受け入れるという姿勢が重要です。

年齢と共に新しいものに興味がなくなってしまうこともありますが、そういった態度では、ますます脳が刺激されなくなってしまうからです。

さらに重要なのは、受け入れた対象を、きちんと評価して褒めることです。

実は、褒めることは相手の脳にプラスに働くだけでなく、自分の脳のストレスを減らす効果もあるのです。意識して相手を褒めるという姿勢は、否定的、悲観的な思考よりもずっと、脳の若さを保つことにつながります。

普段の生活のなかでは、高齢者が褒めるのは孫の成長していく姿くらいかもしれませんが、最初はそれでもいいでしょう。若者の行動や挑戦する姿勢を褒めることができれば、年齢によるギャップをこれまでよりずっと縮めることができるはずです。

配偶者を褒めるというのは、日本人にとって、とくに男性にとってもっとも苦手とするところです。しかしいちばん身近な相手ですから、お互いに褒め合えば、脳にプラスの影響を与え合うことができます。

いつまでも新しいものを受け入れ肯定的に考えるということが、いつまでも若さを保つということなのです。

4　好きなものを食べろ

テレビを見ていると、「○○を食べれば病気にならない」「認知症にはこの食べ物」といった番組がよく流れています。

第2章で述べたように、昔はビタミンなどの欠乏症はよくありましたが、現代の多彩な食生活のなかでは、何か特定の栄養素が足りないということはめったに起きません。

また、足りない栄養素を含んだ食品を食べることで、それがそのままからだに影響することもあまりありません。

例えば「コラーゲンが足りないからコラーゲンの多い食事を摂る」という考え方です。実際には、口から入ったコラーゲンは消化管で分解されてしまい、コラーゲンを経口摂取することにはほとんど意味がありません。にもかかわらず、コラーゲンは健康食品としてよく売られています。

また、コレステロールを下げたいので卵を減らすというのも意味がありません。いまだに、80歳を過ぎてからそういった厳しい食事療法をする人が多いのには驚いてしまいます。

†まんじゅう1個食べても、糖尿病は悪くならない

腎不全や肥満などの場合には厳しい食事制限や栄養管理が必要になりますが、慢性的な病気を、何かを食べることで予防することは難しく、年齢が上がってくるとその効果自体も減ってきてしまいます。

「糖尿病だから甘いものを控えよう」という台詞もよく聞きますが、若い頃のようにたくさん食べられるわけではありません。まんじゅう1個を食べることで糖尿病が悪化するこ

ともないのですから、おいしく食べてはどうでしょうか。

糖尿病があって88歳まで生きてきたとすれば、合併症もそれほど寿命に影響していないということです。この歳ならばもう食事制限という束縛から逃れて、もっと自由に食べていいはずです。

年齢とともに、薬も食事療法も変わっていくべきですが、現代の医学はまだその基準を作れていないのが現状です。

†「からだにいい」は証明が難しい

これも第2章で述べましたが、食べ物と病気の関係の疫学的な調査は非常に困難です。薬であれば偽薬を使ってその効果を調べることができますが、例えばにんじんと味も形も同じものをつくって本物との差を見つけるということは不可能です。

また、食品添加物、ファストフードなどをどうしても悪く見たがる傾向があり、自然の物はからだにいいという発想に陥りがちです。

たとえばよく「玄米はからだにいい」と言います。精米していないわけですから、胚芽に含まれる栄養素を考えれば、たしかに玄米は白米よりも栄養豊富です。しかし、含有ヒ素の量をみれば、明らかに玄米のほうがたくさん含まれています。これだけで「玄米はからだに悪い」とは言えませんが、自然のものがいい、加工食品は悪いという一方的なメディアの情報が、私たちの食物に対する視点に影響してしまっていることがわかります。

食品添加物に非常に神経質になっている人も多いですが、国際がん研究機関（IARC）による発がん性リスク一覧から判断すれば、喫煙などに比べれば、食品添加物の発がんリスクはかなり低いといえます。

そもそも食事の人体への影響は何年もかかって生じるものです。自分のこれからの余命を考えていけば、食品添加物や栄養バランスの偏りといったからだによくない食事について、若い頃と同様に考える必要はありません。

それよりも、自由に好きなものを食べる心地よさとストレスのなさのほうが、人生を充実させていくにはずっと大切なことです。

人生後半は、健康のための食事という呪縛から逃れる時期だと考えたほうがいいでしょう。

5　人と会え

仕事をしているときには、意識しなくともいろいろな人に会う必要がありました。人に会うことは脳にとって非常にいい刺激ですし、ある人との出会いで人生が変わることもありえました。出会いによって、読者の方々の人生はいろいろな方向転換をしてきたはずです。

ところが、リタイアをすると人に会わなくなってしまいます。人に会う必然性がなくなり、一日で誰にも会わないということになってくると、人と会話をすることで、そこからどんなにたくさんの新しい情報を手にしていたかに気がつくでしょう。

会話は脳を刺激します。相手の言葉を聞き、自分が次に話したい言葉を一時的な記憶の場であるワーキングメモリーに取り出し、溜めておいて、相手がしゃべり終わったのを予測して、自分がしゃべる。これは無意識の動作ですが、会話こそが脳を鍛えるのに有効な、そして簡単な行動なのです。

ですから、人に会い、会話をするチャンスを増やしていきましょう。そのためには自ら外に出ていくか、だれかを家に招くしかありません。

今はネットを使ったSNSで人とつながることができますが、これは人に直接会うということに比べれば弱い刺激です。というのは、顔を合わせて会話をするとき、人は相手の表情や言葉の使い方、ボディランゲージを理解しながら話しています。ネットでのコミュニケーションに比べると、会話の情報量は圧倒的に多いのです。

では誰と会話をするかですが、本章2節で述べたように、いつも顔を合わせる同窓会のメンバーでは効果が薄れてしまいます。とはいえ、いつもは参加していない、小学校や中学校くらいの同級生と会うというのは、とっかかりとしてはいいでしょう。

そこから新しい人脈を広げたり、新しい趣味を始めたりして、仕事以外のつながりを広げる努力をしていきましょう。

6 何かを作れ

†生きがいとは、何かを作り続けること

人間は、物を作ることで進歩してきました。自分自身の仕事を考えてみても、物に限らず、人間関係や空間など、ずっと何かを作り続けてきたのではないでしょうか。

ところがリタイアすると、何かを作り続ける生活は終わってしまいます。老年期というのは、こうして達成感や満足感を得るチャンスが減っていく時期なのでしょう。

そんななかで、100歳以上のお年寄りは前向きです。90歳の時に、「もう生きていても仕方がない」という人もいれば、「まだあと5年は生きられますかね」と未来を考える人もいます。100歳以上まで生きるのは後者であり、子どもの死というストレスを乗り越えて、それでもまだ生きようとしている人が多いのです。

前向きに生きるお年寄りにあるのは、なんなのでしょうか。「生きる喜び」とか「生きる目標」という言い方がありますが、抽象的になりすぎてしまいはっきりしません。「生きがい」という言葉も行動を起こすには抽象的すぎます。もっとわかりやすく言うなら、それは何かを作り続けることなのだと思います。それが自己表現であり、生きがいにもなっていくのでしょう。

絵を描くような趣味があればわかりやすいですが、それ以外にも、例えば地域の人たちと一緒に地域おこしをすることも、人間関係や文化を作っていることになります。

†カーネル・サンダースは晩年、「ネットワーク」をつくった

第3章で、人生後半に成功した人の例としてカーネル・サンダースを挙げました。見方を変えれば、彼がやったことは、新しいネットワークをつくるということです。

サンダースは現役時代、幹線道路沿いで「サンダースカフェ」というレストランを経営していました。そうして60代に入って年金生活をしようと思った頃、バイパスができてレストランの客が減ってしまったため、そのまま店を閉じようとしました。しかし、店を売ってもほとんどお金が残らず、年金もあまりにも少ないので何かをしなければいけないと気がつきました。

そこで奥さんの助言があり、サンダースカフェで人気のあったフライドチキンのレシピを、全米で売り歩いてはどうかということになったのです。

「物を売る」という発想から「レシピを売る」という発想への転換はすばらしく、カーネル・サンダースは10年かけてフライドチキンのレシピを売ることに成功します。結果とし

て彼は、フランチャイズという新しいネットワークを作り上げていったのです。

晩年に大成功した例として有名な話ですが、これも何かを作っていくという姿勢がよかったのでしょう。

形になるもの、ならないもの、どちらでもいいのです。いままでにない何かでも、あるいはいままで作ってきた何かでもかまいません。

家にこもって誰にも会わず、行動を起こさなければ何も生まれません。とにかく、何かをつくりましょう。

生きているということは結局、何かを作っていることだとも言えるのです。

7　立っている時間を増やす

†人類は「移動」で成功した

運動がからだにいいということは、本書のなかで繰り返し述べてきました。運動が認知症予防につながっていくことも示してきました。

人類は、移動を増やすことで新しいチャンスを作ってきた生物だと言えます。人類が狩猟・採集で生きていた時代であれば、移動が新しい土地の発見にもつながっていったでしょう。移動することには非常に重要な意味があり、それが脳を進化させてきたのです。

現代においても、人は仕事をしているときは無意識のうちに歩き回り、情報を収集しています。それが年齢とともに、移動する空間が次第に減ってしまいます。

「健康にいいので歩きましょう」と言っても、目的がなければなかなか歩けるものではありません。

たとえば、スーパーに買い物に行くというのは、移動空間を広げるチャンスです。大きなショッピングモールでは、雨の日には買い物ではなくウォーキングに行く人もいるようです。

犬の散歩もいいでしょう。私も柴犬を飼っているので、365日、雨の日でも関係なく散歩で50分くらいは歩いています。

まずは何かモチベーションが上がる目的を見つけましょう。

ウォーキングに関しては、両手を力強く振って、脚を高く上げてと、歩き方についていろいろ専門的な意見があると思います。

ただ、実践的に考えるならば、やり方はともかく、からだを動かすことが重要です。最近では、とにかく動くというレベルでいいので、ウォーキングを継続することに意味があると言われ始めています。

座りすぎはがんの罹患リスクを高める

もっとも簡単で効果があるのは、ただ立っていることです。

イギリスでは2011年に、座りすぎのガイドラインを示す英国身体活動指針を作りました。

この中では、高齢者は一週間で、少なくとも2・5時間程度の運動を行うべきだと勧告して

表4 英国身体活動指針（65歳以上）

1）少しでも体を動かしている高齢者は、身体機能を良好に保ち、認知機能を維持するなどの利益を得ます。いくらか運動をすることは、まったくしないよりもいいですし、たくさん運動をすればより多くの健康上の利益を得られます。

2）高齢者は毎日活動することを目指してください。1週間で少なくとも2.5時間程度の中程度の運動を、一度に10分以上の長さで行うべきです。一つの方法は、1日30分の運動を、週に5日行うことです。

3）すでに定期的に適度な運動をしている人は、1週間に75分間の激しい運動、または中程度の運動と活発な運動の組み合わせにより、同等の利益を得ることができます。

4）高齢者も、少なくとも週に2日は筋力を改善するための身体活動を行う必要があります。

5）転倒の危険がある高齢者は、少なくとも週2日、バランスと調整を改善するための運動をする必要があります。

6）すべての高齢者は、座って過ごす時間を最小限に抑えるべきです。

UK Physical Activity Guidelines, 2011より作成

います。

座りすぎは運動不足を招くというよりも、直接に肥満や糖尿病、高血圧症や心筋梗塞、脳梗塞、がんなどの死亡リスクを上げることがわかってきました。

早稲田大学スポーツ科学学術院の岡浩一朗教授は、座っている時間が長いほどがんの罹患リスクが高くなると指摘しています。とくに、座りすぎで大腸がんは30%、乳がんは17%も罹患リスクが上がるそうです。

また、オーストラリアの研究機関によれば、総死亡リスクを比較すると、一日の総座位時間が4時間未満の成人に比べて、8～11時間の人では15%、11時間以上では40%増加することがわかったとしています。

この割合は、一日30分以上のウォーキングやランニングなどの運動を週5日実施していても、相殺できないそうです。

†日常生活の中で立つことを意識する

年齢とともに、立っている時間は自然に減ってきてしまいます。運動機能が落ちてくればますます、座っているか横になっているかの時間が増えて、これが寿命に影響してきます。

世間ではウォーキングが推奨され、一日の歩数なども目標設定されていますが、それをクリアするのも年齢と共に難しくなってきます。無理に一日1万歩を目指すよりも、立って何かをする時間を増やしていくほうが、実践的ではないでしょうか。

といっても、これは特別な運動というわけではありませんから、立っている理由を意識的に作っていく必要があります。

たとえば、料理を作るときはどうしても立っていなければいけないので、今は女性のほうが立っている時間が多いかもしれません。男性も、掃除や洗濯といった日常の仕事で立っている時間を増やすのはどうでしょうか。

むしろ男性は、高齢になればなるほど、自ら進んで日常の仕事をやっていくべきでしょう。ゴミ捨て、部屋の片付け、買いものなど、いくらでも立っている時間を増やす方法はあります。

趣味においても、立つ時間を増やす方法を考えてみましょう。

カラオケも立って歌えばいいですし、絵を描く人は立ってスケッチすれば健康的です。

ゴルフをするときは、カートに乗る時間を減らしましょう。もともと立つ時間の多い、大工仕事などを趣味にするのもいいでしょう。

とにかく、日常生活であろうと趣味の時間であろうと、意識的に立つ時間をつくることが大切です。

8　自分の空間を広げていこう

子どもの頃、旅行に行った時のことを思い出してみてください。ちょっとした旅行でも、ずいぶん遠くまで行ったと感じていたのではないでしょうか。

大人になって、仕事で地方へ出張に行っても、移動距離は長くとも、それほどの感動はありません。それは、仕事では結局同じような場所の移動になってしまうからです。

海外旅行までいけば、さすがに、自分の行動範囲が広がったと感じる人が多いと思います。

私は趣味と実益（取材）を兼ねて、この20年ほどクルーズ船で世界中の海や町に出かけています（第3章）。船に乗って移動すると、その移動時間を実体験として得ることができるのがいいところです。

つまり、ローマからバルセロナまで船で数日かかるなら、その時間的な広がりを、実体験できるのです。地図を見ると、移動時間がわかるようになってきます。こうなると、自分の脳の中にできあがった地球空間を実感することができます。

移動空間は年齢とともに狭くなる

ところが、歳をとってくるとそうそう旅に出ることはできませんから、普段から努力して、自分が行動する空間を広げていかなければなりません。

そうでなくても、年齢とともに移動距離は減ってきてしまうものです。

自分で運転ができるうちはいいですが、高齢のために免許の更新ができなくなれば、一気に移動可能空間は狭くなります。

さらに、病気で寝込んでしまえば家の庭くらいしか移動することはなくなり、介護が必要なレベルになれば、自分の部屋だけが移動空間となってしまいます。

最後は寝ている1畳のサイズだけが、自分の空間になります。

子どもの頃から考えていくと、大人になるにつれて移動できる空間は次第に広がっていきましたが、再び年齢とともに狭くなっていくことがわかります。すると、自分の移動空間を広げておくことが、若さを保っていることを意味するとも言えるのではないでしょうか。

自分の生まれ故郷にある家（実家）をうまく活かすのも、一つの方法です。仕事のために都内で生活をするようになっても、故郷の家に定期的に帰って、周辺の人たちのつながりを残しておくことは、将来の大きな財産になります。

親が亡くなってだれも使わなくなった家があれば、それを週末に利用したり、リタイア後なら一年に数カ月そこに住んでみるのもいいでしょう。

私のクリニックに来ている患者さんにも、実際にそういう使い方をしている方がいます。その方は、一年のうち半年は鹿児島、半年は東京という生活だそうです。

また、魚釣りのために早朝から数時間運転して海までいくという人もいます。これも、自分の空間を広げていることになるのです。

このように、生活の場や趣味を上手く使いながら、自分の持つ空間を広く維持していくことが重要です。

これは陣取りゲームのようなイメージですから、実際に一週間あるいは一カ月の間に移動した範囲を記録した地図を作っても面白いでしょう。

9　料理を作り、メカをいじる

配偶者と同じように歳をとっても、結局はどちらかが先に亡くなります。一人暮らしをしている「単独世帯」は2015年で1841万8000世帯。そのうち65歳以上の単独世帯は592万8000世帯となっています。独居老人は2035年には高齢者のうち男性の16・3％、女性の23・4％になると推計されています。

†料理は認知症対策にもなる

妻に先立たれて、男性が80歳を過ぎて初めて台所に立たなければいけないというケースも決してまれではありません。料理などの家事を若い頃から配偶者まかせにしていると、高齢になってからはじめて台所に立つときに、わびしさを感じてしまうものです。

これからは、男性は若い時から料理をし、自活できる技術を身につけておくべきでしょう。超高齢社会では、結局は一人で生きる技術が必要になってきます。

料理を作るということは、いろいろな作業を同時にこなすことなので、脳を非常によく刺激することになります。認知機能が衰えてくると同じ料理ばかり作ってしまったり、味がおかしくなってしまったりすることで、家族が認知症に気がつくことがよくあります。つまり、料理が作れるというのは、それだけ脳が正常に機能しているということでもあるのです。

ですから、ご飯だけ炊いて出来合いの物で済ませてしまうのではなく、できるだけ材料からそろえてチャレンジしていくといいでしょう。

それが大変だという場合は、最近では半分材料がそろえてあり、調味料も作ってあって、少し手を加えるだけでできる料理キットがありますから、そういったものを利用してみましょう。作る楽しさがありますから、コンビニで弁当を買ってくるよりはよほど脳にもいい刺激になります。

男性は、できるだけ早くから料理に挑戦していくべきでしょう。

†70歳以上の半数近くはネットを使っていない

料理のほかに、高齢者が早くから挑戦すべきものといえば、ＩＴ機器の取り扱いでしょう。「スマホは苦手で」というわけにはいかない時代です。

ネットの使用率は高齢者の間でも増えてきていますが、60〜69歳では76・6%、70〜79歳では51・0%で、70歳以上ではまだ半数近くがネットを使っていないという結果です（総務省「平成30年通信利用動向調査の結果」）。

現代において、特に田舎では、ネット通販を使えるかどうかは、ものを自分で手に入れる方法を持っているかどうかに直結します。歳をとって次第に移動することが難しくなってくれば、自活できるかどうかと同じことになってしまいます。

通信速度は5Gの時代になろうとしており、近い将来には医療もインターネットを利用することが当たり前になるでしょう。うまく利用できないと、生死に関わる問題になる可能性もあります。

インターネットの使い方は、自分だけで学んでいくことは難しいと思います。子どもや孫からアドバイスを受けるほうが圧倒的に理解しやすいものです。ですから、将来、老夫婦や独居になってしまう前にネット環境を整備して、自分で操作だけはできるようにしておくのがいいでしょう。

ITと医療は結びつきやすいように思われますし、実際に様々な実験が行われてきていますが、実際の臨床では想像以上に活かされていません。

在宅介護などにネット環境を活かせればいいのですが、結局、今ｉＰａｄを使えるのは介護をしている人たちであり、高齢者本人は使いこなせず、ネット環境もＡＩも十分に役立たなくなってしまうのです。

今後の介護や医療を考えると、ＩＴの機器を使いこなせるかどうかは重要になってくるでしょう。

10　未体験ゾーンに行こう

本章で述べてきたことを一言でまとめれば、「未体験ゾーンに行こう」ということになります。

年を重ねるということは、経験してきたことが多くなってきて、未知の体験が減ってきてしまうということです。そんななかで未知の体験をするためには、どうしていけばいいのでしょうか。

それは結局、情報を得ることでしょう。新しい情報を得ることで、未体験ゾーンは実はたくさん存在することがわかってきます。

自分の視野だけで眺められるものには限界があり、「もうある程度やってしまった」という思い込みが生まれます。

これは、地方の観光地の再開発を地元で考えても、なかなかアイデアが出てこないことと似ています。外から来た人が面白いと感じるところは、地元の人が想像もしなかったことでしょうし、実際に外国人観光客が集まるところは、これまで日本人が興味も示さなかったところである場合が多いものです。

目の前にあっても気がつかない。新しい体験はそれと同じことなのです。自分の視野を広げたり、見る角度を変えたりすることで、目の前のものが新しい存在になり、それが未体験ゾーンにつながっていきます。

そのためには、まずは周囲の人たち、つまり親戚、孫・子どもたちの意見を知ることから始めましょう。

例えば、ｅスポーツという、数名のチームで行うインターネットの対戦型ゲームが、世界大会がおこなわれるほど盛んになってきています。

しかし、まだまだほとんどの高齢者は興味を持っていません。若い人たちだけのものだと思っているのでしょうし、知識がないために「ただのゲームの何が面白いのか」と否定的に考えているのかもしれません。

この人たちは、知らないという理由で未体験ゾーンに行くチャンスを逃しています。もし孫がそういったeスポーツに熱中しているなら、教えてもらえばいいのです。周囲に誰か教えてくれる人がいれば、新しい情報を手に入れるチャンスはずいぶん増えるはずです。

私の父親が75歳を過ぎた頃に、インターネットを教えました。するとすぐにアマゾンで本を購入するようになり、私より早くベストセラーを手にしていました。

歳を重ねると自ら新しい視点を手にするのは難しくなりますが、それを助けるのは、子どもや孫、友人たちです。

そんな周囲の人間関係を持っていることが、あなたを救うことになります。

第5章

人生100年社会をつくる

ここまで、人生100年時代を生きるための健康の作り方、生きがいの作り方について具体的に見てきました。

本章では、人々が健康に、生きがいを持って人生100年時代を生きるためにはどんな社会に変えていかなければならないのか、そのことを考えていきます。

1 健康・医療情報を評価する第三者機関の設立

現代は、医療情報が過剰なまでに溢れている時代です。ですが、その情報の精度にはあまりに差があります。

通販番組では、実際にその商品を使っている人の意見として、「すごくこれで調子がいいです（個人的な意見です）」というようなテロップが流されます。

これは、疫学的にいえば、一番信頼度が低い情報です。専門家でもない一般人の個人的な意見ですから、あてにならないレベルであると言っていいでしょう。うわさを聞いたというのと同じレベルで、疫学的に意味はありません。友人に勧められて飲むようになったというのも同じようなもので、ここには科学的な根拠は存在しません。

芸能人や著名人が健康食品を勧める通販番組もたくさんありますが、もちろんこれも個人的な見解や経験にすぎません。

しかし、それでも私たちは「みんながいいと言った」「他の人がすごく効くと言った」という情報を信用して、健康食品を摂取してしまっています。

これだけ多くの医学情報が発信されているのですから、何を根拠に効くと言っているのかは確認すべきでしょう。

医学情報をうまく利用していくためには、それが医学の論文を元にしているのか、疫学的な調査からなのか、ただの個人的な意見なのかを見極める能力が問われます。

最近ではインターネットの情報も信じてしまいやすいですから、そこで得た医療情報も、何を根拠に書かれているのかを確認すべきでしょう。

†個人が正しい医療情報を得るのは難しい

ですが、たとえ医学的に権威のある教授の意見だとしても、それが完全に中立な意見とは言えないことはままあります。医学的な真実を求めることは非常に難しいというのが本当のところです。

ですから、テレビや雑誌などの医学記事や番組をきちんと評価して信頼度を示していく、第三者による評価機関を設立することが必要でしょう。

さらに、近い将来にはインターネットやSNSが、医療情報を得る手段として主流になっていくでしょう。このままテレビの健康番組が残っていくとは考えにくく、個人が発信する情報がますます大勢に影響する可能性があります。

そういった状況に備えて、医療情報を管理したり、情報の精度をきちんと見極めたりするための組織や方法の確率を模索すべきです。

†医療情報は疑ってかかる

今、個人ができることは、目の前の医学情報を疑ってかかることです。

そもそも、ある程度歳を重ねてくると、病気を予防できたところで、それで長生きできるかどうかはわからなくなってきます。例えば、疫学調査を行って、何かの食べ物の脳卒中の予防効果が多少示されたとしても、死という最終エンドポイントでは、結局死亡率は同じになってしまうことがあります。

ここまでにも述べてきたように、食品の疫学的調査は効果判定が難しいということもあります。ただでさえ調査の難しい健康食品について、他人の効いた効かないという意見を信じるべきではないでしょう。

ただ、個人的に健康食品についての正しい情報を得たり、あるいはテレビの健康番組の信憑《ぴょう》性を判断することはかなり難しいものです。だからこそ、信頼できる第三者評価機関を作り、健康情報の中立的な意見を誰でもすぐに手に入れられるようにすべきなのです。

医療に対しては様々な規制がありますが、健康食品やテレビの健康番組などは、野放しに近いと言ってもいい状態でしょう。私自身、いろいろなテレビの健康番組に出演してきましたが、あまりに偏重した番組作りに憤りを感じ、最近ではテレビ出演は断るようにしています。

医学的に中立な情報発信は、とても一人でできることではありません。中立的で利害関係のない組織で判断していくしかないのです。

2　リタイア後もスキルを活かせる社会に

人間を個人ではなく労働力として捉えるなら、「高齢者の存在理由は何か」という問いには、なかなか答えを見いだせません。

高齢者は年金などの社会保障費を使うので、社会にとって害であるという一方的な見方があります。医療保険が赤字になるのは高齢者が増えたからだという誤った考え方や、政府のそういった視点が、医療費削減の名目になってきました。

高齢者の存在理由のためにも、労働可能な年齢を70歳まで上げていくという動きがあります。

たしかに今、外来診療で患者さんを診ている限り、70歳くらいまでは「高齢者」とは呼べないように思えます。これからはおそらく、75歳を過ぎてからの高齢者をどう考えていくかということになっていくのでしょう。

まだ社会の対策は十分にできていませんが、生産人口を75歳までと捉えるなら、状況はずいぶん変わってきます。

75歳まで働く社会を考えるときに大切なのは、結局「生きがい」という曖昧な価値ではなく、働けるという幸福感ではないでしょうか。定年になって社会とつながりが切れてしまうことが、もっとも老化を進めてしまうように思えます。75歳くらいまで働くというのは、生き生きと暮らすことにつながるでしょう。

これからは労働可能な年齢の引き上げに引き続き取り組み、「リタイア＝社会との決別」にならない仕組みを作る必要があるというのは事実でしょう。それも、その人のスキルを活かせる社会作りです。

とはいえ、これは原則であって、誰でもできるというわけではありません。働き続けられる人は働く。地域社会でつながりを作れる人は作る。どちらもできない人は無理してやることはありません。人間は労働力だけの存在ではないからです。選択肢の多い老後こそが、未来としては明るいように思います。

もっと言えば、年齢で人の能力を判断しない社会作りが必要ということでしょう。

3　町を作り直す

現在の老年学は統計に基づくもので、個々人の価値観や人生への考え方を考慮したものではありません。

平均的な老人の姿というのはあくまで架空の存在で、高齢者の幸福ということを考えた制度が存在しないのが現実です。介護を十分に受けられるということが、高齢者の幸福でしょうか。体が弱っても普通に暮らせる社会環境が整っているほうが、よほどいいのではないでしょうか。

たとえば、私たちの住む町は高齢者が住みやすいようにつくられているでしょうか。

私の住むあきる野市では歩道がしっかり整備されておらず、車椅子が安全に歩道を走ることができません。これは、車優先の街作りをしてきた結果です。若い住民が多ければ、車が優先されて早く移動できることはメリットでしょう。ですが、高齢者の多い町ではそれは望まれません。

高齢者が安心して住める町がないのですから、高齢者がどう生活していけばいいのか、ビジョンが見えるわけもありません。

それと同様に、医学も本気で高齢者の医学を考えてきませんでした。病気を治す、病気を予防するということの先になにがあるのか、考えてこなかったのです。高齢になれば、完全な健康体という人はいないと言っていいでしょう。病気や老いとつきあいながら生きるための医学というのは、まだまだ研究が足りません。

病気があっても、その人が生きてきた町で、それまでと同じように生活できる環境を作っていくべきでしょう。実現していくことは、それほど難しいことではありません。歩道にベンチを増やす、それだけでも高齢者に優しい町なのです。教養講座とか、生きがい教室のような文化的なことではなく、もっと身近なことに気がつくべきです。

4　高齢者を医療から卒業させる

今の医学では、高血圧の薬や脂質異常症の薬をいつまで飲み続けなければいけないのか結論は出ていません。90歳を超えた人たちの健康についての、信頼度の高い疫学調査もありません。

40歳から60歳代の治療と、超高齢者の治療が同じでいいとは思えませんが、それについては曖昧なままで医療が行われてきました。

健康診断についても、特定健診は90歳を過ぎても行われていますが、健康診断をすることで長生きできることを示すデータはありません。そもそも血糖値を除けば、60歳以上の人の血液検査の基準値がないのです。まして90歳を超えてくると、去年の自分のデータと比較するしかありません。薬の多重投与の問題も改善されていません。

第1章で述べたように、医療には「予防の医学」と「治療の医学」があります。60歳代くらいまでは予防の医学が有効ですが、高齢になって病気を予防しても、効果はあまりありません。それならば70歳代になれば予防はやめて治療の医学に専念し、90歳になれば医学を卒業するという考え方もあるのではないでしょうか。ある年齢になったら医療から自由になったほうが、生活の質を上げることができます。

まずは、超高齢者の医学についての研究を進める必要があります。そして、超高齢者を医学が救えるのかどうか、何が本当に長生きの役に立つのか、明らかにしていかなければならないでしょう。

5　もっと自由な介護を

もの忘れが始まったり、運動機能が悪くなったりしてくると、介護認定を受け、介護を受けることになります。普通は、家にいるよりもデイサービスへ行ったほうがいいということになります。

確かに、デイサービスを受けることで生活のリズムができて、前よりも元気になる場合もあります。家族は一時的に介護から解放されますから、その意義は大きいでしょう。私も臨床の場で、そういう患者さんをたくさん見てきました。

画一的なプログラムに全員が組み込まれる

しかし、マイナスな面もあります。

介護施設では、介護する側の時間によって、介護を受ける側がコントロールされてしまうというのが一つです。自宅からデイサービスに行くにしても、そこに通うことが義務でもないのに、定時に迎えの車が来ます。

また、他人とのコミュニケーションが苦手な人にとっては、デイサービスで他人と話すことは苦痛になってしまうでしょう。だから自宅の庭で草むしりをしているほうがいいという人の意向を受け入れられる介護の環境は少ないので、誰でも画一的な介護のプログラムの中に組み込まれていくことになります。

今の介護の仕組みには、その人の生き方を受け入れるという姿勢がないのです。ケアプランは、あくまでも「元気になって自活できる」というイメージを目標にしていきますから、患者さんには負荷がかかります。一方的な、いわばお節介な介護の仕組みは介護する側の満足度を上げているだけだということに、気がつけないでいるのです。

この姿勢の裏側には、「医療費を減らしたい」「入院患者を減らし、自宅でできるだけ介護をさせたい」という国側の政策もあります。

もちろん、デイサービスには家族を介護から解放するという大きなメリットがあります。ですからデイサービスを否定する気はありませんが、本人の自由な生き方という視点でみれば、問題はたくさんあります。

大切なのは、どうすれば本人が楽しく充実した生き方ができるかです。

健康で家族と楽しく生活することが高齢者の正しい姿であるという、管理する側の視点はあまりに一方的だということを忘れてはいけません。

介護施設での我慢

ある独居のお年寄りが、料理を作るのが大変だということで、有料老人ホームに入所しました。しかし、楽しみにしていた食事の味は薄く、食べやすさを優先した形のはっきりしない惣菜ばかりだとがっかりしていました。

「おいしくないんですよ。コンビニの弁当のほうがずっといいんです」

としみじみ言います。

高齢者＝高血圧であるから減塩。嚥下《えんげ》を助けるために食べやすい刻み食、ということでしょう。

認知症患者も多いために食事の介助が大変ですから、現場の職員にとっては全部食べさせることが介護の評価のようになってしまいます。食べさせる大変さはもちろんわかりますが、そればかり優先してしまうと、食べない自由は奪われてしまいます。

「今日は食べたくない」というのも個人の自由であるはずが、それが許されないのが高齢者が集団生活をする施設なのです。人間の行動はそんなにきちんとして、時間通りではないはずなのに、お腹がすいていなくても午後6時になれば食事をしなくてはなりません。人間にとってもっとも重要な「自由」を奪われることが、どれほど苦痛であり、高齢者に忍耐を要求しているか、管理する側は気がついていません、あるいは気がついても一律の行動を押し付けています。個人の自由はそこにはありません。

これから独居高齢者が増えていくのは間違いありません。自宅で生活していたいというのは、ほとんどの人の願いです。

高齢になり独居になっても、どこまで個人の自由を保てるか。自由な生活こそが、本来の人間の姿であり、本当に幸福につながる部分です。

これまで、医療は常に介入を続け、何歳になっても高血圧は治療しなければいけない、減塩が必要、薬を飲まないといけないという指導を続けてきました。

しかし、超高齢者に対して、そういった医療の介入をやめるという視点は必要でしょう。同様に、なんにでも介護が介入することも避けなければなりません。

介護においても医療においても、自由をどう確保していくか。それが人生100年時代の生き方にもつながっていくはずです。

終わりに　何もしない淡々とした日を過ごす

人生100年時代をどう生きていくかというのは、未知の世界と言えます。健康で資産もあるなら、何歳になろうが関係ないかもしれません。しかし、そんな環境にいる人はごく限られた人たちです。

資産はもちろん健康も万全ではなく、友人も減っていきます。限られた資産と自分の限られた体力、能力で生きていくしか方法はありません。では、私たちが持っている資産、体力、能力はどんなものでしょうか。

高齢になって唯一ゆたかに持てるものが時間でしょう。時間こそが、誰もが平等に持っている資産とも言えます。

しかし、多くの人が時間をもてあましてしまうのが現実です。時間に追われていた時が過ぎ、逆に時間をどう消費していくかを考えるのがリタイア後の生活になります。どうしても有意義に時間を使わねばと思ってしまうものですが、逆にそれが苦痛にもなるのです。

人のために時間を使うという考え方もありますが、重要なのは自分のために時間を使うとはっきりさせることです。もしも、人のために時間を使うことが第一だと考えるなら、仕事で培った知識や技術で人の仕事を手伝うこと、それが唯一の有意義な使い方かもしれません。それでも、自分のための無駄な時間、それを認めていくことが、自分を楽にさせてくれます。

役立つとか、有意義という考え方は捨てる精神も必要です。

人間関係も、仕事以外のつながりなら、歳をとっても楽しいものです。肩書きと関係なく、昔の仲間意識でつきあうことができるでしょう。

しかし、長期的に考えれば、それもお互いが健康でいられる限りのことです。

超高齢期には人との別れを乗り越える気持ちの強さを要求されるのです。自分の周りから人が去って行こうとも、それを悲しまないことです。結局一人になったとしても、そこで孤独を感じることなく、過ごせる能力が必要になってきます。

また、身体的な能力が落ちてきても、脳だけは自由に使うことができるはずです。

もちろん考えるスピードや記憶力は落ちてきますが、物事を楽観的に全体的に見る力は衰えることはありません。

患者さんを診ていると、常に自分の病気に不満を漏らす人、膝が痛い、腰が痛いと常に痛みを訴える人がいます。一方では痛みがあっても診察室で文句も言わず、病気の家族の介護をしながら淡々としている人もいます。それを見ていると、人間というのはこれほど自分の状況に対して異なる反応を示すものかと驚いてしまいます。

認知症の夫を抱え、自分はがんの治療をして、子どももうつ病で家にこもったまま、という状況にある女性が、私に人生の不満を訴えることもなく、「今日は調子いいです」と答えるのです。

患者さんの病気に対し、医学的に手を差し伸べることは当然のことですし、方法はいろいろあります。ですが、医学では乗り越えられない状況は、ある年齢になれば確実に訪れるはずです。今後、がんが治療可能になり、認知症の予防ができる時が来たとしても、病気がなくなるわけではありませんし、悩みはからだのことだけではないはずです。

人生100年時代というのは、決して永遠の命の保証をしているのではありません。どこかで諦め、病気と共存していく道を歩むしかないのです。

受け入れる力こそ、最大の能力ではないでしょうか。歳を取ってくると何かと否定的に考えてしまったり、新しいことを拒否しがちになったりするものです。

自分の健康状態を常に気にしてしまい、なにかの病気ではないかという疑念から抜け出せなくなると、これは心気症と呼ばれます。常に気持ちは内向きで、からだのことだけしか考えられなくなります。

必要なのは、現状を認め、受け入れることです。周囲の出来事に対しても批判的になるのではなく、認めていくことで自分へのストレスを減らすことができます。

これは、人の言うことに左右されない力にも結び付きます。

最近は、やたらと老後に備えて資産を増やせとか、貯蓄しろという意見が聞かれます。財務省が老後に2000万円必要だと発表したとかで、メディアではファイナンシャルプランナーと呼ばれる人が資産を増やすためのテクニックを教えたり、将来のために今の支出を減らせというようなアドバイスをしたりしています。

将来使える資産があったほうがもちろんいいでしょうが、ある程度の年齢になってきたら、現在の楽しみを制限してまで将来を考えることで、本当に幸福感や満足感が得られるとは思えません。

人生を謳歌できる時間は長くはありません。浪費や無駄遣いが楽しいということもあるでしょうし、ずっと制限し続ける人生とはいったい何だろうと思ってしまいます。

そもそも、「老後を楽しく」とか「余裕のある老後を」という人生設計自体がおかしいのではないでしょうか。

外来に来ている患者さんを見ていても、多くの人が年金でできる範囲での生活をし、きゅうきゅうとしている雰囲気はありません。人は誰でも、自分の状況を受け入れて生きていくしかないのです。

老後の生活に関していろいろな情報が耳に入る時代ですが、その情報にはその人の信念や信条が入ってきてしまい、個人差の大きい老後には役立たないように思います。

現状を認め、受け入れる能力があれば、老後を恐れることはありません。

最後に私たちを救ってくれる能力は、「何もしない強さ」です。

「老後は充実した人生を」という保険会社のCMのような言葉は、まったくの幻想に過ぎません。

少なくとも私は、充実した老後を生きている人はごくわずかしか知りませんし、現役で働き続けている人以外は、充実した人生を全うするのは難しいと思います。趣味を見つけ、新しいことにチャレンジするにも年齢的な限界があります。

何もしない時間を過ごすこと。結局これが多くの人の老後の過ごし方になってくるのです。

自由な時間を過ごしているだけでいい。それでいいのです。

一人でいるのは孤独だと思わないのであれば、なにもしない日々でいいのではないでしょうか。

世間は勝手な幸福な老後のイメージを作り出します。しかし、現実にはそんなものはありません。

ただ何もない日々を淡々と生きていく。それだけのことです。

近い将来、AIや人工臓器やiPS細胞を使った臓器再生によって、病気の治し方が全く違ってくることはあるかもしれません。しかし、その恩恵をいまの60歳以上が受けられるどうかは、まだ見えません。

40歳から60歳代までは予防の医学、70歳代から80歳代までは治療の医学、そして90歳になれば医学を卒業して自由になって、自分の健康を受け入れていく人生を歩むしかないのです。

できることは、本書で述べてきたことを一つでも取り入れ、できるだけ病気の発症を遅らせ、健康を保つことくらいでしょう。

現実は厳しいですが、そのことをどう認め、受け入れるかで、まったく違った人生になることも事実です。

「バリハイ」という曲をご存知でしょうか。『南太平洋』というブロードウェイミュージカルで使われた曲です。

バリハイとはバリ島のエメラルドグリーンに輝く海のことですが、この言葉には「夢の楽園」の意味合いもあります。

つまり、架空の夢の島です。

私たちは、老後の生活にそんな架空のイメージを持ちすぎていた、あるいはそのイメージに近づけなくてはいけないと思い込みすぎていたのではないでしょうか。

老後のお金の心配や健康の心配というのも、「夢の生活」という幻想が作り出しています。

バリハイは「夢の楽園」であり、現実には存在しないのです。

そんな生活に近づけようとしても、苦しいばかりです。

私たちが生きているのは現実です。夢の楽園でどう生きるかを深刻な問題ととらえるよりも、今日をなんとか生きていく。少なくともいままで生きたよりも先は短いのだから、淡々と生きていく。

そんな姿のほうが、爽快ではないでしょうか。

参考文献

日本老年医学会「高齢者高血圧診療ガイドライン２０１７」『日本老年医学会雑誌』54巻3号、２０１７年
高齢者糖尿病の治療向上のための日本糖尿病学会と日本老年医学会の合同委員会「高齢者糖尿病の血糖コントロール目標について」日本糖尿病学会ホームページ、２０１６年
清原裕「わが国における高齢者認知症の実態と対策：久山町研究」、２０１４年
独立行政法人国立がん研究センターホームページ「多目的コホート研究」
https://epi.ncc.go.jp/jphc/index.html
イギリス保健省「UK Physical Activity Guidelines（英国身体活動指針）」、２０１１年

ちくま新書
1447

長生《ながい》きの方法《ほうほう》 ○《まる》と×《ばつ》

二〇一九年一一月一〇日 第一刷発行

著　者 米山公啓（よねやま・きみひろ）

発行者 喜入冬子

発行所 株式会社 筑摩書房
東京都台東区蔵前二-五-三 郵便番号一一一-八七五五
電話番号〇三-五六八七-二六〇一（代表）

装幀者 間村俊一

印刷・製本 三松堂印刷 株式会社

ISBN978-4-480-07267-2 C0277

ちくま新書

1009
高齢者うつ病
——定年後に潜む落とし穴
米山公啓
60歳を過ぎたあたりから、その年齢特有のうつ病が増加する⁉ 老化・病気から仕事・配偶者の喪失などの原因に対処し、残りの人生をよりよく生きるための一冊。

844
認知症は予防できる
米山公啓
適度な運動にバランスのとれた食事。脳を刺激するゲーム？ いまや認知症は生活習慣の改善で予防できる！ 認知症の基本から治療の最新事情までがわかる一冊。

606
持続可能な福祉社会
——「もうひとつの日本」の構想
広井良典
誰もが共通のスタートラインに立つにはどんな制度が必要か。個人の生活保障や分配の公正が実現され環境制約とも両立する、持続可能な福祉社会を具体的に構想する。

1072
ルポ 高齢者ケア
——都市の戦略、地方の再生
佐藤幹夫
独居高齢者や生活困窮者が増加する「都市」、人口減や市街地の限界集落化が進む「地方」。正念場を迎えた「高齢者ケア」について、先進的事例を取材して考える。

1209
ホスピスからの贈り物
——イタリア発、アートとケアの物語
横川善正
もてなしのアートに満ちあふれているイタリアのホスピス。その美的精神と、ケアの思想を深く掘り下げて紹介。死へと寄り添う終末期ケアが向かうべき姿を描き出す。

1134
大人のＡＤＨＤ
——もっとも身近な発達障害
岩波明
近年「ＡＤＨＤ（注意欠如多動性障害）」と診断される大人が増えている。本書は、症状、診断・治療方法、他の精神疾患との関連などをわかりやすく解説する。

1208
長生きしても報われない社会
——在宅医療・介護の真実
山岡淳一郎
長期介護の苦痛、看取りの場の不在、増え続ける認知症……。多死時代を迎える日本において、経済を優先して人間をないがしろにする医療と介護に未来はあるのか？

1320
定年後の知的生産術
谷岡一郎
仕事や人生で得た経験を生かして、いまこそ研究に没頭するチャンス。情報の取捨選択法、資料整理術、そして著書の刊行へ。「知」の発信者になるノウハウを開陳。

978
定年後の勉強法
和田秀樹
残りの20年をどう過ごす？　健康のため、充実した人生を送るために最も効果的なのが勉強だ。記憶術、思考力、アウトプットなど、具体的なメソッドを解説する。

1058
定年後の起業術
津田倫男
人生経験豊かなシニアこそ、起業すべきである——第二の人生を生き甲斐のあふれる実り豊かなものにしたいあなたに、プロが教える、失敗しない起業のコツと考え方。

1084
50歳からの知的生活術
三輪裕範
人生80年時代、50歳からも先は長い。定年後の人生を充実させるために重要なのが「知的生活」である。本書は、知的生活に役立つ、一生ものの勉強法を伝授する。

1333-6
長寿時代の医療・ケア
——エンドオブライフの論理と倫理
【シリーズ ケアを考える】
会田薫子
超高齢化社会におけるケアの役割とは？　介護現場を丹念に調査し、医者、家族、患者の苦悩をすくいあげ、人生の最終段階における医療のあり方を示す。

363
からだを読む
養老孟司
自分のものなのに、人はからだのことを知らない。たまにはからだのことを考えてもいいのではないか。口から始まって肛門まで、知られざる人体内部の詳細を見る。

958
ヒトは一二〇歳まで生きられる
——寿命の分子生物学
杉本正信
ストレスや放射能、病原体に打ち勝ち長生きする力は誰にでも備わっている。長寿遺伝子や寿命を支える免疫・修復・再生のメカニズムを解明。長生きの秘訣を探る。

ちくま新書

1025
医療大転換
――日本のプライマリ・ケア革命
葛西龍樹

無駄な投薬や検査、患者のたらい回しなどのシステム不全を解決する鍵はプライマリ・ケアにある。家庭医という「あなた専門の医者」が日本の医療に革命を起こす。

1333-3
社会保障入門
【シリーズ ケアを考える】
伊藤周平

年金、医療、介護。複雑でわかりにくいのに、この先も不透明。そんな不安を解消すべく、ざっくりとその仕組みを教えます。さらには、労災・生活保障の解説あり。

1333-1
持続可能な医療
――超高齢化時代の科学・公共性・死生観
【シリーズ ケアを考える】
広井良典

高齢化の進展にともない増加する医療費を、将来世代にこれ以上ツケ回しすべきではない。人口減少日本の最重要課題に挑むため、医療をひろく公共的に問いなおす。

1333-2
医療ケアを問いなおす
――患者をトータルにみることの現象学
【シリーズ ケアを考える】
榊原哲也

そもそも病いを患うとは、病いを患う人をケアするとはどういうことなのか。患者と向き合い寄り添うために、現象学という哲学の視点から医療ケアを問いなおす。

1155
医療政策を問いなおす
――国民皆保険の将来
島崎謙治

地域包括ケア、地域医療構想、診療報酬改定。2018年に大転機をむかえる日本の医療の背景と動向を精細に分析し、医療政策のあるべき方向性を明快に示す。

998
医療幻想
――「思い込み」が患者を殺す
久坂部羊

点滴は血を薄めるだけ、消毒は傷の治りを遅くする、抗がん剤ではがんは治らない……。日本医療を覆う、根拠のない幻想の実態に迫る！

1261
医療者が語る答えなき世界
――「いのちの守り人」の人類学
磯野真穂

医療現場にはお堅いイメージがある。しかし実際はあいまいで豊かな世界が広がっている。フィールドワークによって明らかにされる医療者の胸の内を見てみよう。

ちくま新書

1021
奇跡の呼吸力
――心身がよみがえるトレーニング
有吉与志恵
集中とリラックスが自在になる。思い通り動ける。頭痛、肩こり、腰痛、便秘に効果テキメン。太りにくい体質にも。そんな心身状態になる「理想の方法」あります！

726
40歳からの肉体改造
――頑張らないトレーニング
有吉与志恵
肥満、腰痛、肩こり、関節痛。ストレスで胃が痛む。そろそろ生活習慣病も心配。でも忙しくて運動する時間はない……。それなら効果抜群のこの方法を、どうぞ！

674
ストレスに負けない生活
――心・身体・脳のセルフケア
熊野宏昭
ストレスなんて怖くない！　脳科学や行動医学の知見を援用、「力まず・避けず・妄想せず」をキーワードに自分でできる日常的ストレス・マネジメントの方法を伝授する。

940
慢性疼痛
――「こじれた痛み」の不思議
平木英人
本当に運動不足や老化現象でしょうか。家族から大袈裟といわれたり、未知の病気じゃないかと心配していませんか。さあ一緒に「こじれた痛み」を癒しましょう！

1415
双極性障害【第2版】
――双極症Ⅰ型・Ⅱ型への対処と治療
加藤忠史
統合失調症と並ぶ精神疾患、双極性障害（双極症）。この病気の性格と対処法とはどのようなものか。最新の研究成果と豊富なQ＆Aを収めたロングセラーの第2版。

1089
つくられる病
――過剰医療社会と「正常病」
井上芳保
高血圧、メタボ、うつ――些細な不調が病気と診断されてしまうのはなぜか。社会に蔓延する「正常病」にその原因を見出し、過剰な管理を生み出す力の正体を探る。

919
脳からストレスを消す食事
武田英二
バランスのとれた脳によい食事「ブレインフード」が脳のストレスを消す！　老化やうつに打ち克ち、脳の健康を保つための食事法を、実践レシピとともに提示する。

ちくま新書

1256
まんが 人体の不思議
茨木保
本当にマンガです！　知っているようで知らない私たちの「からだ」の仕組みをわかりやすく解説する。病院での専門用語でとまどっても、これを読めば安心できる。

1140
がん幹細胞の謎にせまる
――新時代の先端がん治療へ
山崎裕人
人類最大の敵であるがん。ｉＰＳ細胞に代表される進歩著しい幹細胞研究。両者が出会うことでうまれた「がん幹細胞理論」とは何か。これから治療はどう変わるか。

1109
食べ物のことはからだに訊け！
――健康情報にだまされるな
岩田健太郎
○○を食べなければ病気にならない！　似たような話はたくさんあるけど、それって本当に体によいの？　巷にあふれる怪しい健康情報を医学の見地から一刀両断。

361
統合失調症
――精神分裂病を解く
森山公夫
精神分裂病の見方が大きく変わり名称も変わった。発病に至る経緯を解明し、心・身体・社会という統合的視点から、「治らない病」という既存の概念を解体する。

677
解離性障害
――「うしろに誰かいる」の精神病理
柴山雅俊
「うしろに誰かいる」という感覚を訴える人たちがいる。高じると自傷行為や自殺を図ったり、多重人格が発症することもある。昨今の解離の症状と治療を解説する。

1104
知的生活習慣
外山滋比古
日常のちょっとした工夫を習慣化すれば、誰でも日々向上できるし、人生もやり直せる。『思考の整理学』の著者が齢九十を越えて到達した、知的生活の極意を集大成。

1108
老人喰い
――高齢者を狙う詐欺の正体
鈴木大介
オレオレ詐欺、騙り調査、やられ名簿……。平均貯蓄額２０００万円の高齢者を狙った、「老人喰い＝特殊詐欺犯罪」の知られざる正体に迫る！